U0852916

推荐解释特性与电商用户决策

——基于数字化视角的分析

李　治　朱永波　著

湘潭大学出版社

前　言

随着互联网/物联网商业应用的深化、各种网络设备（包括电脑、智能手机及 iPad）的普及，我国网络用户规模快速扩张。企业、商品、用户以及各种新媒体工具通过互（物）联网实现“万物相连”，导致网络信息数量呈现爆炸式增长，“信息超载”与“选择超载”成为了广大网络用户顺利获取有效信息的拦路虎。为此，个性化推荐系统（Personalized Recommender Systems，PRS）应运而生，希望帮助消费者提升决策效率、优化购物体验，并为网络商家提供营销工具、增加销售收入。然而，从实际应用情况看，离预期效果还存在一定的差距，大部分采用了 PRS 的网络商家认为他们并没有获得足够的投入回报。一个不可忽视的原因是，目前推荐系统普遍缺乏一套相应且行之有效的解释机制，导致用户很难信任推荐系统。从理论研究现状看，虽然国内外学者在电子商务个性化推荐及其商品信息呈现方面取得了一定数量的研究成果，但针对 PRS 中推荐解释的呈现特征及其对网络用户采纳意愿影响的研究，目前为止还不多见，形成了电子商务推荐系统在管理学领域的一个研究缺口。为此，本书在现有相关理论成果的基础上，以用户认知体验为研究主线，以推荐解释的呈现特征为研究出发点，构建信息采纳意愿形成机制的理论模型，通过问卷调查与情景实验相结合的方法进行分析和验证，分以下 3 个研究展开：

研究一，从推荐系统角度出发，以技术接受模型（TAM）为理论基础，研究 PRS 中推荐解释的互动性对信息采纳意愿的影响机制。研究发现，推荐解释的互动性显著积极影响采纳意愿，并且动态推荐解释对采纳意愿的影响显著大于静态推荐解释；系统用户体验的两个维度（感知有用性和感知易用性）在推荐解释的互动性对采纳意愿的影响中均起部分中介作用；信任度会调节推荐解释的互动性对系统用户体验的影响，进而影响采纳意愿。这不仅从推荐系统角度揭开推荐解释的互动性影响采纳意愿的过程“黑箱”，还从用户体验与信任机制两方面拓展了技术接受模型的理论研究。

研究二，从用户角度出发，以信息采纳模型（IAM）为理论基础，探究PRS中推荐解释的参照性对信息采纳意愿的影响路径。研究发现，推荐解释的参照性显著积极影响采纳意愿，并且社会参照对采纳意愿的影响显著大于自我参照；信息质量感知的两个维度（感知精确性和感知新颖性）在推荐解释的参照性对满意度的影响中均起部分中介作用，同时，满意度还在信息质量感知与采纳意愿的影响中起部分中介作用。这不仅从用户角度揭开推荐解释的参照性影响采纳意愿的过程“黑箱”，还从信息质量感知和满意度两方面推进了信息采纳理论的研究。

研究三，从推荐系统一用户双方关系的角度出发，以解释水平理论与心理抗拒理论为基础，考究PRS中推荐解释的契合性对信息采纳意愿的影响过程。研究发现，心理抗拒的两个维度（强迫性感受与操纵意图推断）在推荐解释的契合性对采纳意愿的影响中均起部分中介作用；参照性和涉入度均会调节推荐解释的契合性对心理抗拒的影响，进而影响采纳意愿。这不仅从推荐系统一用户双方关系角度揭开推荐解释的契合性影响采纳意愿的过程“黑箱”，还进一步证实了PRS及其推荐解释给用户带来的双重影响，丰富了采纳意愿形成机制的相关研究成果。

本书围绕“推荐解释特性与电商用户决策——基于数字化视角的分析”这一主题，通过理论与实践相结合的系统性分析，获取了三方面研讨成果。其一，扩展了推荐解释的影响结果与作用机制。基于推荐系统是一把“双刃剑”的假设前提，分别考察了推荐解释的呈现特征对采纳意愿所产生的正、负向影响，通过对推荐解释“两重性”本质的揭露，突破了以往对于推荐解释作用机制的认识局限。其二，推进信息系统成功模型在推荐系统研究领域的深入应用。从信息、系统两个方面分别将信息采纳模型和技术接受模型与信息系统成功模型结合起来，共同完成对推荐解释正向影响采纳意愿的理论模型构建，克服了单个理论无法完整解释用户对于推荐信息采纳意愿形成机制的研究瓶颈。其三，优化了推荐解释的呈现特征影响采纳意愿的研究设计。通过3个研究分别探讨推荐解释的互动性、参照性以及契合性对采纳意愿的影响机制，采用问卷调查与情景实验相结合的方法，既能克服SEM所面临的多重共线性问题，又可获得较高的内部效度，弥补了有关推荐解释与采纳意愿关系的现有研究实践的不足。

立足现状，展望未来。本书的结论可以为电商企业提供系列性的管理参考，还能进一步针对商家如何更好地开展推荐服务提出几点管理建议：第一，增强PRS中推荐解释的互动性，保持好与用户的有效沟通；第二，重视PRS中推荐解释的参照性，不断改善用户的使用体验；第三，提升PRS中推荐解释的契合性，深入挖掘用户的信息需求。

目　　录

第 1 章　推荐解释特性与电商用户决策的研究视角切入

1.1　推荐解释特性影响电商用户决策的基本背景

1.1.1　实践进展与影响路径概述

随着互联网设备（包括电脑、智能手机以及 iPad 等）的普及，我国网络用户规模快速扩张，网络购物成为了广大用户重要的消费方式。中国互联网络信息中心（CNNIC）公布的第 48 次《中国互联网络发展状况统计报告》结果显示，截止到 2021 年 6 月，中国网络用户数量达到 10.11 亿人，互联网普及率为 71.6%，较 2020 年年底提高了 2.15 个百分点，全年新增网络用户 5 653 万；手机用户达到 8.17 亿人，用户通过手机接入互联网的比例达到 98.6%，全年新增手机用户 6 433 万。截止到 2018 年 12 月，中国网络购物用户规模为 6.10 亿，较 2017 年底提升 14.4%，占网络用户整体比例达 73.6%；手机网购用户规模达 5.92 亿，较 2017 年底增长 17.1%，使用比例达 72.5%。

搜索引擎、在线推荐、即时通信、在线支付等各种网络服务已经渗透到人们生活的每个角落，越来越多的商家把目光瞄向网上推广活动，商家开始通过微博、微信、品牌网站、电子商务平台等媒介进行新产品宣传、品牌推广和销售创新，与此同时，用户对互联网络接入设备使用方式也发生了一些变化。从行业发展看，在用户高增长红利期后，供需两端“双升级”成为行业新一轮增长驱动力。在需求方面，2021 年网上交易量继续上升，消费升级为行业增长带来了强劲动力，更加推动了电商市场的发展与成熟；在供给方面，围绕资源、技术和模式的升级进一步加快，线上线下资源进一步整合，大数据、人工智能、区块链等新技术在物流、营销与终端服务等领域应用日趋深入。

随着网络商业应用不断深入，网络信息数量呈爆炸式增长[1]。然而，对于广大网络用户来说，有许多的信息属于冗余信息甚至无用信息，新一代互联网面临前所未有的信息超载（Information Overload）与选择超载（Choice Overload）的难题。为此，个性化推荐系统（Personalized Recommender Systems，PRS）应运而生，它的主要功能是根据用户本人或其他用户的行为记录，向目标用户推荐其可能感兴趣的商品，从而缓解信息过载、减少用户的认知付出，并帮助用户做出正确的购买决策[2]。个性化推荐的重要特点在于通过分析用户的行为记录掌握其特征，进而为用户提供与其需求相匹配的产品内容，优化用户的决策质量与购物体验，从而提高企业的销售收入[3]。目前，许多企业都在使用 PRS，如国外的 Amazon、eBay 和国内的淘宝、京东商城等。

虽然推荐系统被越来越多的电商企业所采用，但从实际应用效果看并不是很理想。根据美国的木星研究中心（Jupiter Research）发布的调查报告，与企业的预期目标不符的是，只有 8%的用户认为网络推荐能够为他们对商品的购买带来帮助，大部分采用了个性化推荐策略的网络商家认为他们并没有获得足够的投入回报[4]。一个不可忽视的原因是，目前推荐系统的普遍问题是缺乏一套与之相应且行之有效的解释机制，许多用户在遇到推荐系统时有一种感受，即感到推荐系统就像一个“黑盒子”，用户完全不知道它的运作机制，并且不清楚推荐结果是否真的适合自己，这样，用户就很难信任推荐系统。

比如，某用户在亚马逊网站上购买过诸如推荐系统、系统动力学以及与统计研究方法相关的一些书籍，当用户再次登录亚马逊网站时，该网站就会自动产生出推荐结果。这些推荐结果是由网站后台程序根据用户的浏览和购买记录，通过执行相关的推荐算法所产生，这些推荐算法主要分为基于内容的推荐算法、协同过滤推荐算法以及混合推荐算法，执行不同的推荐算法会产生不同的商品信息以及相应的推荐解释作为推荐结果。这些结果对应的推荐解释通常为诸如“猜您喜欢”“您最近查看的商品和相关推荐”等简单信息，对于普通用户而言，无论是商品信息还是解释信息，其产生依据与过程都是一个“黑箱”。

当用户第一次因好奇心采纳了推荐系统所提供的信息时，不会太在意推荐原因解释的完整性与合理性，甚至也不会过多关注推荐结果的准确性与新颖性。但随着浏览或购买次数的增加，如果用户发现其推荐结果与自己的真正需求并不相符时，有可能会认为推荐系统操纵其购物意图，从此不再信任该推荐系统。因此，个性化推荐对于用户和商家而言并非只有好处，而更多的是一把“双刃剑”。那么，推荐系统中的推荐解释是否能改变用户的行为意向？推荐解释具有哪些与一般信息不同的呈现特征？其呈现特征会对用户的采纳意愿产生什么样的影响？理解这些问题对电商企业实施个性化推荐策略具有关键意义。

1.1.2　理论进展与分析背景概述

个性化推荐系统（PRS），简称推荐系统，是针对“信息过载”的问题而推出的一种计算机软件系统，在工业界受到关注并得以广泛应用，同时在学术方面也产生了许多相关研究成果[5]。

现有关于推荐系统的研究大部分集中在推荐算法上，传统的推荐算法主要包括基于内容的推荐（Content-Based Recommendation）算法[6]、协同过滤推荐（Collaborative Filtering Recommendation）算法[8]和混合推荐（Hybrid Recommendation）算法[7,8]。协同过滤推荐与现实生活当中的口碑相传有点类似，它根据相似用户具有相似兴趣的特点，来预测用户对项目可能存在的潜在偏好。协同过滤推荐方法只需通过用户的购买记录和评分数据就可产生推荐信息，简单有效，是目前应用最成功的推荐方法。然而，相对于项目的总数量而言，用户对项目的评分数据往往较少，导致数据稀疏问题的产生，另外，对于新的商品或用户，因缺乏评分数据而无法产生推荐信息，冷启动问题不可避免。

基于内容的推荐属于一种项目到项目关联（Item-to-Item Correlation）的 Schafer 划分方法，主要根据用户浏览或者已经购买的商品，挖掘其他相似商品作为推荐结果[9]。基于内容的推荐不需要太多的评分记录，主要依靠关于项目的特征和用户偏好信息，因此，无需考虑数据稀疏的问题。并且，对于新商品，只需要通过特征提取便可向用户进行推荐，故冷启动问题能得到有效解决，但面临一个新的问题就是特征提取困难。由于单一推荐方法都有各自的不足之处，因此，考虑采用混合推荐方法，即将不同的推荐算法组合起来进行推荐。目前，常见的组合方式主要有 3 种，分别为前融合、中融合和后融合。

另外，随着在线媒体的日益丰富，许多由用户生成的信息（如评论、标签、社会化关系和位置信息等）能够被抓取，推荐系统所产生的信息更加丰富多样，另外，在传统推荐方法的基础上，还产生了一些新的推荐方法，如情境感知的推荐方法、基于社交网络的推荐方法以及基于深度学习的推荐方法等。推荐的对象也得到扩展，不仅可以向用户产生推荐，还可以针对企业产生推荐，即以企业作为推荐对象。随着移动通讯技术的不断发展，出现了基于定位信息的个性化推荐系统。由此可以看出，推荐系统在诸如推荐内容、推荐方法以及推荐对象等各个方面都朝着越来越多元化的方向发展。

对于个性化推荐系统（PRS），有研究者指出，随着工业化时代逐步由信息化时代所取代，互联网、物联网和人工智能技术为推荐系统的发展提供了保障，然而在计算机、存储器和各种网络设备的硬件性能得到快速提升后，推荐信息的“个性化”程度却并没有得到相应提升[10]。一个可能的原因是推荐算法面向的是“数据”，重在考虑计算机处理系统的“硬”问题，而个性化推荐所面向的是“人”，主要关注作为 PRS 使用的主体——网络用户的使用体验，并以此为追求目标探究推荐系统提供的内容与人机交互的形式等“软”问题。由此可知，从以“算法”为中心向以“用户”为中心的过渡，实际上是从重视“机器”到重视“人”的观念转变，从“能服务什么”跨进到“该服务什么”上来，从“算法”为本转向以“体验”为本，将用户的满意度视为一切问题的起点与归宿。

个性化推荐的概念，从 20 世纪 90 年代中期最初被提出，到现在不过 20 多年的历史，伴随电子商务的飞速发展，在此期间产生了可观的研究成果。但是，这些成果主要分布在计算机领域，在管理学领域相对较少，特别是对于 PRS 中的推荐解释而言，相关成果还很缺乏。虽然国内外学者对电子商务个性化推荐及其商品信息呈现方面的研究取得了一定数量的理论成果，但针对推荐系统中推荐解释的呈现特征及其对网络用户采纳意愿影响机制的研究，迄今为止甚为少见，形成了推荐系统领域的一个理论缺口。与此同时，推荐系统及解释实践领域出现的新应用和新问题期待相关理论成果的出现作为指引与解答依据。为此，在现有相关成果基础上，本书以信息管理与电子商务领域为研究视角，以用户认知体验为主线，以推荐解释的呈现特征为出发点，探究其对信息采纳意愿的影响机制。本书得到的结论，可作为推荐系统在管理学领域中理论研究不足的一种弥补，也可为相关实践领域提供借鉴与启示。

1.1.3　推荐解释特性对电商用户决策的解释局限

当前，推荐解释特性对电商用户决策的影响机制分析已经初步实现了理论与实践的融合深化，但是仍存在三方面的解释局限，具体如下所示。

（1）理论局限

现有针对 PRS 及解释机制研究的相关理论存在一定的局限，单个理论无法诠释推荐解释与采纳意愿等各变量之间的影响关系。信息系统成功模型从信息质量与系统质量两个维度研究了信息系统对个人用户及组织用户所产生的影响，该模型为推荐系统相关研究提供了较为完整的理论框架，但是该模型并没有对信息质量与系统质量的具体维度进行划分。技术接受模型和信息采纳模型分别从技术和信息的角度针对各自解释变量展开了相对深入的研究，倘若能将这两个模型与信息系统成功模型进行有机整合，则可实现对与推荐系统有关的各变量之间影响关系的完整解释。因此，本书考虑将技术接受模型、信息采纳模型分别与信息系统成功模型相结合，从系统与信息两个方面建立相关理论模型，为克服单个理论解释力不足的问题提供解决方案。

（2）实证局限

现有关于电子商务推荐系统的研究大多以算法为中心，而基于管理视角的实证研究相对较少。虽然有部分学者开始关注个性化推荐绩效的影响因素，但针对 PRS 中推荐解释的相关研究，还不够全面和深入。如王艳萍等[14]（2013）基于心理抗拒理论，通过实验法研究了参考组与时间压力影响下在线消费者对主动式推荐接受意愿的影响，然而，用户的接受意愿是否会受到推荐解释呈现特征的影响，该研究没有做出回答。杨一翁等[11]（2016）在对推荐质量与用户关系的论述中，通过问卷调查和结构方程模型进行了分析，但该研究并没有对推荐质量是如何对用户态度和行为产生作用进行深度地剖析。因此，笔者认为有必要基于管理理论的视角，通过对推荐系统中推荐解释的呈现特征进行全面解析并运用实证的方式证明其是否会对用户的行为意愿产生影响。

（3）多维视角分析局限

现有关于推荐解释影响结果的研究大多只考虑了其正面效应，而忽视了其也可能给用户的采纳意愿带来负向影响[12,13]。事实上，推荐解释不同于一般产品说明书上的“说明”信息，它还带有“说服”的目的。这种主动而有目的性的推荐行为有点类似于“表白”，通常情况下，人们认为这种主动的行为能起到好的作用，这也是推荐解释或“表白”的初心。然而在现实实践中，当这种行为与用户的心理需求不相匹配（或者说缺乏契合性）时，其结果可能事与愿违。也就是说，推荐解释与“表白”一样，既可能给用户带来积极影响，也可能产生消极作用。那么，推荐解释究竟是如何正向影响用户的采纳意愿？在什么情况下可能产生负向影响？其影响过程或机制是怎样的？现有研究并没有给出答案，这也是本书需要着力解决的主要理论与实践问题。

1.2　推荐解释特性影响电商用户决策的研讨路径设计

近年来，随着信息科技的飞速发展与互联网商业应用的不断深化，采纳意愿的形成机制被许多学者关注，是信息管理与电子商务领域的研究热点。本文采用了“理论研究—模型构建—假设提出—实证检验—归纳总结”的思考路线，具体研究过程按照如下3个阶段进行。

阶段一：系统地查阅相关文献，提出研究问题并构建整体理论模型。本阶段对前人研究的相关文献进行查阅和整理后提炼出重点内容，并与本文涉及的研究要素相结合，构建整体研究模型。随后，对本书所要用到的变量量表及调查问卷进行周密设计与严格检验，为后面的实证分析做好铺垫。

阶段二：在以上研究工作基础上展开实证研究。首先，将本书的实证工作分解为3个可独立操纵的研究，并分别提出相应的研究假设，形成3个研究模型；其次，通过招募受试者参与模拟购物实验，并完成对事先所备问卷的填写；最后，对获取的实验数据做出客观的分析，验证提出的假设。

阶段三：总结研究工作、形成研究结论并提出相关管理对策。在进一步归纳出本文的理论贡献和实践贡献的同时，指出本文研究的不足，并对未来的研究工作进行展望。

1.3　分析推荐解释特性对电商用户决策影响的必要性

本书从PRS中推荐解释的呈现特征出发，以信息系统成功模型为整体理论框架，以用户认知体验为研究主线，以技术接受模型（TAM）和信息采纳模型

(IAM) 等相关理论为研究基础，探索 PRS 用户对推荐信息采纳意愿的形成机制及其边界条件，对于丰富推荐系统领域的研究成果以及推进其在电子商务中的应用具有重要的意义。

1.3.1　理论深化的必要性

本书基于信息系统成功模型的理论框架，选择 PRS 中推荐解释的呈现特征对信息采纳意愿的影响作为研究主题，具有重要的理论意义。

首先，本书通过整合技术接受模型与信息系统成功模型，构建出推荐解释的互动性对于采纳意愿的影响机制。基于社会互动理论验证系统用户体验对于推荐解释的互动性影响采纳意愿的中介作用，以及信任度在其中所起的调节作用，从推荐系统角度促进了信息系统成功模型理论的发展。

其次，本书通过整合信息采纳模型与信息系统成功模型，构建出推荐解释的参照性对于采纳意愿的影响机制。借助说服理论考察信息质量感知对于推荐解释的参照性影响采纳意愿的中介作用，以及满意度对于信息质量感知影响采纳意愿的中介作用，从推荐信息角度推进了信息系统成功模型理论的发展。

最后，本书基于心理抗拒理论，构建出推荐解释的契合性对于采纳意愿的影响机制。依据相关理论成果推测并验证推荐解释的契合性可能通过心理抗拒负向影响 PRS 用户的采纳意愿，并且其影响程度还会受到参照性以及涉入度的调节作用，从而拓展了 PRS 用户对于采纳意愿形成的边界条件。

1.3.2　实践研讨的必要性

推荐解释的有效性是衡量推荐系统质量的重要指标之一，随着电子商务的深入发展与网络购物的日益普及，本书的研讨内容也将在实践应用中得到引申与丰富。

首先，本书的成果可以帮助推荐系统开发者认识到推荐解释可能给用户带来利与弊，以及如何通过采取相应措施使其最大限度地做到“趋利避害”，并为电商企业合理利用个性化推荐的营销手段提供参考，以便其尽可能防止因推荐解释不当而导致网购用户产生心理抗拒，最终拒绝采纳推荐信息。

其次，对网络商家而言，推荐系统的主要目的为解决信息不对称的问题，通过主动推荐来节省顾客在大量网络商品甄别中所耗费的精力，减少网购者不必要的认知付出。在管理实践层面，研究结论能为网络商家改善其推荐服务质量提供参考，有利于商务网站提升其服务质量，最终赢得用户的青睐。

最后，现有关于推荐采纳中基于用户认知体验视角的研究较少，随着网络用户信息主权意识地提高，如何在提升推荐效率与降低推荐风险之间取得平衡是目前推荐系统领域的瓶颈问题。从这个实际问题出发进行研究所得出的结论，可为电子商务网站更有效地实现个性化推荐服务提供实践指导。

1.3.3 整体研讨的必要性

整体来看，在整合多元理论模型的基础上，本书进一步从推荐解释的呈现特征出发，构建 PRS 用户对推荐信息采纳意愿的影响机制模型，主要创新点包括以下 3 个方面。

首先，推荐解释的呈现特征影响结果与作用机制扩展。现有关于推荐解释的呈现特征研究大多将其视为一种普通的推荐信息，从呈现形式与呈现内容两个方面考察其对用户采纳意愿的正向影响。本书基于推荐系统是一把“双刃剑”的假设前提，分别考察 PRS 中推荐解释的呈现特征对采纳意愿所产生的正、负向影响。一方面，基于信息系统成功模型与技术接受相关理论，研究推荐解释的互动性与参照性分别通过系统用户体验与信息质量感知正向影响采纳意愿；另一方面，基于解释水平理论，研究推荐解释的契合性通过心理抗拒的两个维度（强迫性感受与操纵意图推断）负向影响采纳意愿。本书在实证分析的基础上，通过对 PRS 及其解释机制的“两重性”本质的揭露，突破了以往对于推荐解释作用机制的认识局限。

其次，采纳意愿相关模型与信息系统成功模型的理论整合。现有研究大多从推荐信息的特性以及推荐系统的特性两个方面探讨采纳意愿的影响因素和形成机制，这主要是单一从推荐系统角度开展研究。本书从两个方面和三个角度构建推荐解释的呈现特征对采纳意愿影响的理论模型，两个方面，分别是推荐解释的“呈现形式”和“呈现内容”的特征方面；三个角度，第一个是从“推荐系统”角度（即推荐解释的互动性），第二个是从“用户”角度（即推荐解释的参照性），第三个是从“推荐系统-用户”双方关系角度（即推荐解释的契合性）。本书在信息系统成功模型理论框架下，将其分别与技术接受模型和信息采纳模型相结合，形成整合式的理论模型，在此基础上，验证了推荐解释的呈现特征通过各中介变量对采纳意愿的影响关系，克服了单个理论无法完整解释 PRS 用户采纳意愿形成机理的研究瓶颈。

最后，推荐解释的呈现特征影响采纳意愿的研究设计优化。现有关于信息采纳影响机制的研究大多采用问卷调查法，通过构建结构方程模型开展实证研究，而较少采用情景实验法。将所有自变量纳入一个统一的模型，然后采用结构方程模型进行统计分析，这种做法所面临的一个较难克服的障碍是多重共线性的问题。为了有效弥补 SEM 自身存在的不足，本书采用问卷调查与情景实验相结合的方法，通过 3 个研究分别探讨推荐解释的互动性、参照性以及契合性对信息采纳意愿的影响机制。采用 SPSS 23.0 和 MPLUS 7.0 统计分析软件对通过问卷调查所获取的大样本数据进行分析，并通过对测量工具的信效度进行预检验、修订和再检验，为整个研究的实证分析打下牢固的基础。采用实验室实验法结合调查问卷，能有效地克服 SEM 法所面临的多重共线性问题，并可获得较高的内部效度。

第 2 章　推荐解释特性影响电商用户决策的概念解析与理论支撑

推荐系统及其解释机制在电子商务中的应用，目的是为了解决因“信息过载”（Information Overload）而引发的诸如用户决策难度大、购物效率低等问题。目前，国内外学者就推荐系统领域的信息采纳问题展开了一系列研究，并取得了较为丰富的理论成果，积累了相当数量的文献资料，这为本书的深入开展提供了理论基础与参考来源。

2.1　PRS 及推荐解释的概念界定与系统分析

个性化推荐系统（PRS）是基于数据挖掘的一种电子商务应用系统，它是建立在数据仓库基础上的一种高级商务智能（Business Intelligence）平台，旨在向用户提供个性化的信息服务和决策支持。推荐解释是用来向用户对推荐结果做出解释说明的一种方式，是推荐系统的一项重要功能。近年来，随着许多非常成功的大型推荐系统实例的出现，个性化推荐系统及相应的解释机制也逐渐成为学术界的研究热点之一[15]。本节将对个性化推荐系统相关内容进行回顾与梳理，并对个性化推荐、个性化推荐系统与电子商务个性化推荐系统等相关概念进行归纳与辨析；同时，将围绕推荐解释的概念、类型、作用与目的等方面的内容对 PRS 中推荐解释进行回顾与梳理，以期为后面的研究奠定基础。

2.1.1 个性化推荐系统（PRS）的概念界定

1. **个性化推荐**

个性化推荐（Personalized Recommendation）一词的含义，从不同的角度看，可有不同的理解。从营销领域看，属于一种个性化服务；从信息领域看，属于一种信息加工方式；从计算机领域看，属于一种数据挖掘算法。本质上，个性化推荐是一种基于算法的计算机技术，即个性化推荐技术，因为无论是作为个性化服务，还是作为信息加工方式，个性化推荐的结果最终都要通过计算机算法来实现[16]。1995 年 3 月，卡耐基梅隆大学的 Robert Armstrong 和斯坦福大学的 Marko Balabanovic 等人，首次在美国人工智能协会上提出了个性化推荐技术，并分别将这一新技术应用到个性化导航系统和个性化推荐系统上。

2. **个性化推荐系统**

个性化推荐系统（Personalized Recommender Systems，PRS），简称“推荐系统”，该词首次由 Resnick 等人于 1997 年提出。Resnick 认为相较于“协同过滤”，PRS 更适合作为推荐技术的一种描述，主要原因是：第一，推荐系统除了将不相关的信息过滤掉，还能产生出用户可能感兴趣的信息；第二，推荐方与被推荐方可能并未达成事先约定，他们彼此甚至不知道对方的存在[17]。因此，“推荐系统”一词被普遍采用，并成为信息系统领域一个重要的研究分支。

推荐系统这一概念产生后，在计算机科学、管理科学与工程、电子商务以及信息经济学等研究领域引起了高度重视，逐步演变成为一门独立的学科，并受到许多专家和学者的广泛关注[18]。然而，推荐系统的定义在学术界并没有形成统一的界定，许多专家学者给出了各自不同的定义。例如，1997 年，Resnick 和 Varian 教授针对推荐系统作出了非形式化定义，即推荐系统是指嵌入在电子商务网站后台，通过预先设定的算法为用户提供相关商品信息推荐，以帮助用户高效做出购物决策的一种计算机软件系统[19]。这一概念实际上是针对下面将要介绍的电子商务推荐系统而做出的定义，并在目前被广泛引用。

Adomavicius[20]（2005）则在上述定义的基础上提出了推荐系统的形式化定义：假定全体用户（u）的集合为 C，所有能够推荐给 C 的商品集合为 S。在实际网络中，集合 C 和 S 的规模一般情况下很大，通常包含数百万用户和上亿个商品。假定 S 的子集 s 对 C 的子集 c 的可推荐数量可以借助效用函数 u（c，s）来计算，即 u：$C\times S\rightarrow R$（R 是某个范围内的正实数）。则有，推荐系统的主要任务就是采集到可推荐数量 R 最大的若干对象 S^*，用公式可表示为

$$\forall c \in C,\ S^* = \arg\max_{s\in S} u(c,s) \tag{2.1}$$

需要指出的是，C 的定义域仅仅是 $C\times S$ 集合中的一部分，对效用函数 u（c，s）进行迭代计算的过程就是推荐结果产生的过程。

作为解决“信息超载”问题的方法之一，推荐系统成为工业界和学术界共同关注的焦点，并得到广泛应用，具体涉及信息检索（如 Google、MyYahoo 和百度等）、电子商务（如 Amazon、ebay 和阿里巴巴等）、社交网络（如 Facebook、Twitter 和腾讯等）、新闻推送（如 Google News、GroupLens 和今日头条等）和位置服务（如 Foursquare、Yelp 和大众点评等）等各个领域[5]。

3. **电子商务个性化推荐系统**

电子商务个性化推荐系统（Electronic Commerce-Personalized Recommender Systems，EC-PRS），简称电子商务推荐系统，是指电子商务网站根据消费者之前的搜索历史、浏览、购买或评分等行为数据以及具有相似特征消费者的历史记录推测潜在消费者的偏好和需求，然后在潜在消费者浏览网站时为其展示或推荐的一系列他们可能感兴趣的商品或服务[18,21]。

通常情况下，电子商务中的推荐信息由计算机算法产生，它是为用户提供和生成其可能感兴趣的商品组合的过程。如图 2.1 所示，这个过程包含数据输入、推荐算法和推荐列表输出 3 个步骤[22]。数据输入是采集用户特征、行为记录及可能偏好等用于产生推荐信息的过程，推荐算法则用于为用户个体建立偏好模型，而推荐列表输出是根据偏好模型向目标用户展示不同的商品。

电子商务推荐系统通过依托电子商务网站向用户提供商品信息和建议，帮助用户快速找到其可能喜欢的商品，模拟导购员协助用户完成购买的过程。电子商务网站后台程序嵌入个性化推荐算法，根据用户的个体特征和历史记录，向用户推荐其感兴趣的商品或服务。由于不同用户在电商平台的搜索历史、浏览、购买和评分等不尽相同，为此，在每个用户浏览网站时，推荐系统向其展示的商品列表也有所差异。电子商务推荐系统不仅可以帮助用户找到他们可能喜欢的商品，改善用户的在线购物体验，提高其对电商平台的忠诚度，而且还可增加交叉销售

的概率，从而为提升电商企业的竞争力提供了保障[23,24]。

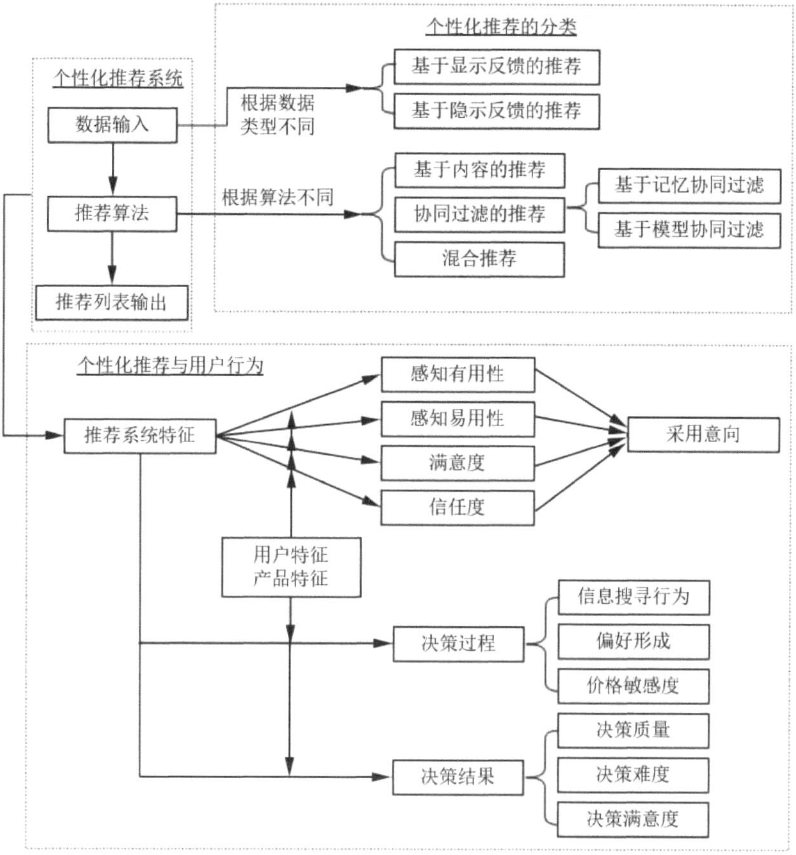

图 2.1　个性化推荐系统的组成、分类及与消费者行为的关系

4. 电子商务推荐系统的作用和分类

(1) 电了商务推荐系统的作用

电子商务推荐系统的作用越来越明显，为企业带来了可观的经济效益。有研究者证实，通过在电商平台中引入推荐系统，能为网络商家提高 2%～8%的销售收益，贡献率在 20%到 30%之间[25,26]。由美国研究者 VentureBeat[27]的调查结果可知，2006 年，Amazon 作为全国最大的电商企业，它的推荐系统帮其提高了 30%～35%的利润，这被看作是当今最为成功的电子商务推荐系统。

亚马逊图书推荐系统的示例如图 2.2 所示，如在搜索“推荐系统”后，平台会智能化地向用户提供推荐信息。基于算法驱动的推荐系统通过主动向用户提供信息服务，目的是希望将潜在的消费者转变为实际的购买者，从而在竞争日趋激烈的电子商务市场中，提升电商企业的网络营销能力，通过促进交叉销售，增加电商平台的访问量和成交量[28]。随着云计算、大数据技术和人工智能的兴起，各大电商企业争相加入推荐系统开发与应用的大潮中。

图 2.2　亚马逊网站图书推荐系统示例

（2）电子商务推荐系统的分类

目前，从技术层面，国内外对推荐系统的研究趋于成熟，不同学者对电商推荐系统的分类方式存在差异，而关于电商推荐系统的分类标准并未统一。大体上看，主要有以下 3 种分类方式，如表 2.1 所示。

表 2.1　电子商务推荐系统的分类

PRS 的主要分类方式	具体类别	解释或示例	参考来源
按照推荐系统的个性化程度来分类	非个性化推荐系统	各大电商网站的主题促销活动商品推荐、淘宝网随机热卖商品推荐、京东商城折扣商品推荐	李丹丹[29]（2008） 张雪琳[30]（2010）
	半个性化推荐系统	根据用户的浏览历史、购买记录等给出的相关商品推荐	
	完全个性化推荐系统	在线音乐商店推荐导航 CD-Now. com	
按照推荐效果的自动化程度和持久化程度来分类	非自动化电子商务推荐系统	基于手工编辑或商品销售排行的推荐，按照商品平均评价得分的推荐	Goldberg[31]（1992） Olafsson S[32]（2008） 唐哲[33]（2005） Zhang[34]（2012） 孟祥武[35]（2015）
	基于商品属性的电子商务推荐系统	按照商品类目进行的排行榜推荐，属于一种手工推荐系统	
	关联产品推荐系统	根据用户的浏览、收藏、购买、评价记录进行的推荐	
	关联客户推荐系统	将一组关联商品推荐给具有相似偏好的用户	

续表

PRS 的主要分类方式	具体类别	解释或示例	参考来源
按照推荐算法应用的差异来分类	协同过滤推荐系统	MovieLens 电影推荐、Grouplens 新闻推荐	Adomavicius[36]（2006） 刘平峰[37]（2007） Huang[38]（2008） 刘建国[39]（2009） Choi[40]（2011） Jiang[41]（2014）
	基于内容的推荐系统	根据信息内容之间的相似性和用户偏好产生的推荐，如 Amazon 图书推荐系统	
	基于知识的推荐系统	对 Web 站点、文档以及商品信息进行的推荐	
	基于用户-产品二部图网格结构的推荐系统	把商品和用户仅当作抽象的节点，利用二者的选择关联产生的推荐	
	混合推荐系统	各种培训学习平台推荐系统、Fab 文档推荐系统	

资料来源：作者根据相关文献整理。

2.1.2 PRS 中推荐解释的概念研讨与系统分析

1. PRS 中推荐解释的概念

推荐解释（Recommendation Explanation），是指推荐系统以文字、图片、动画、声音或者其他形式，对推荐的依据、理由或推荐过程中遇到的问题向用户进行解释和说明的一种方式[42]。推荐解释属于推荐系统的一部分，其目的在于消解用户在获取信息时所遇到的疑惑，作为一种必要的交互手段，推荐解释好比推荐系统与用户之间的“桥梁”，可以起到沟通和衔接的作用。

推荐系统能够协助用户在大量的网络商品信息中获得其所需要的商品，除了多样性等指标能对推荐效果做出衡量外，系统对于推荐结果的可解释性也被视作一种改善用户体验的手段[43]。推荐解释的不同呈现方式，给用户带来的感受也会不一样，这将会影响到用户对 PRS 的信任度和对推荐结果的满意度，因此，推荐系统中的推荐解释成为了该领域的热点之一。

2. PRS 中推荐解释的类型

大多数情况下，推荐结果的呈现与推荐解释的方式没有必然的关系。提高用户对推荐系统的信任度是推荐解释的努力方向，所以，增加透明度成为推荐系统的必然要求，只有让推荐结果的产生依据为用户所熟知，才能提高用户对 PRS

的信任度。根据不同的推荐解释对象以及与之对应的解释方法，可以将推荐解释分为基于内容的推荐解释、基于协同的推荐解释、基于案例的推荐解释等不同的类型。表 2.2 归纳了目前常用的推荐解释类型与示例。

表 2.2　推荐解释的类型与示例

推荐解释类型	示例
基于协同的推荐解释	“买过本商品的还买了……”
基于内容的推荐解释	“推荐 A 因为它与您喜欢的 B 在主题上相似……”
基于案例的推荐解释	“因为您购买过商品 X……”
基于人口统计的推荐解释	“该商品适合 20 至 30 岁的年轻女性，因此我们为您进行推荐”
基于知识和自然语言的推荐解释	“推荐原因如下：内存大，分辨率高”

资料来源：作者根据相关资料整理。

（1）基于协同的推荐解释

当项目 i 得到用户 u 的浏览后，浏览记录便可成为 PRS 的输入，进而可生成用户 u 的特征与项目 i 的特征相匹配的数据集[2]。与 u 的特征相近的用户一般被看作邻居，通过对邻居间的相似度进行计算，可以把推荐项目的预测转换为对项目 i 的评分。在具体实践中，最典型的例子是淘宝网的“购买过本书的用户还购买了……”。这一推荐解释的预设前提是某个用户正在查看其想要获得的项目，PRS 通过筛选与该用户相似的数据集合，推测该用户所偏好的其他项目，并以推荐列表的形式向该用户展示其可能感兴趣的其他商品。

（2）基于内容的推荐解释

与基于协同的推荐解释不同，基于内容的推荐解释并非依据用户对项目的评论信息，而是根据项目的属性特征对项目间的相似度进行计算[7]。例如在音乐网站中，基于内容的推荐解释通常是参照用户所反映的偏好歌曲所得出。利用对某曲目特征的记录，得到该曲目的特征向量或标签，于是产生大量的项目特征信息作为相似度计算的依据。此方法不仅能够较好地克服冷启动问题，还能够使基于内容的推荐解释具备较高的置信度水平。

（3）基于案例的推荐解释

基于案例的推荐解释建立在推荐与搜索相匹配的基础上，商品数据库中的每一实例对应一个项目。用户在搜索商品时会对搜索条件进行设定，如只搜索某个品牌或某种型号的智能手机[3]。假定实例（项目）用集合 C 表示，用户搜索到的结果用集合 Q 表示，则可将 C 和 Q 的相似度定义为

$$\mathrm{sim}(C,Q) = \sum_{a \in A_Q} w_a \mathrm{sim}_a(C,Q) \tag{2.2}$$

其中，函数 $\mathrm{sim}_a(C,Q)$ 表示实例 C 和查询 Q 在属性 a 上面的相似度，w_a 为该相似度的权重值，代表该属性对于用户的重要程度。

全体与集合 Q 高度相似的集合 C 形成了最终的推荐结果，一般而言该推荐结果会以推荐列表的形式展示出来，而用户也许会想弄清楚推荐系统为何推荐当前商品，或者推荐平台是如何通过互动的方式获取相关信息。基于案例的推荐解释针对此类问题的常用解决方案是，将获取的实例与用户的需求进行对照分析，判断约束条件是否成立。还是以符合某个品牌或某种型号的智能手机为参照对象，当用户对推荐结果感到疑惑时，可以给出如下解释：某智能手机的品牌或型号符合用户的需求特征，所以被推荐。

（4）基于人口统计的推荐解释

基于人口统计的推荐解释将统计用户 u 的人口信息作为输入，依照这些输入，推荐算法能在样本分布中挖掘出与用户 u 相似的数据集，而用户 u 对某推荐项 i 的评价结果取决于其他用户对该推荐项 i 的评分值。一个基于人口统计的推荐解释的例子是：该商品适合 20 至 30 岁的年轻女性，因此为您进行推荐。然而在实践中，由于人口统计信息牵涉到用户个人隐私，具有较强的敏感性，许多推荐系统并没有将这些信息作为推荐结果的解释。

（5）基于知识和自然语言的推荐解释

基于知识和自然语言的推荐解释将用户 u 的偏好商品或与其偏好有关的信息作为推荐引擎的输入，通过与之对应的算法找到项目 i，然后参照用户 u 的偏好及其与项目 i 之间的相关性生成推荐结果。一般情况下，对项目的内容信息（即属性）的利用，会被基于知识和自然语言的推荐系统作为优先考虑的推荐解释方式[44]。仍以前面提到的智能手机为例，推荐解释可以这样描述，推荐原因为：内存大，分辨率高。

3. PRS 中推荐解释的目的

推荐系统之所以要给出解释，其原因主要涉及两个方面：推荐的提供方（对应卖家）与接受方（对应买家）。对于网络购物商店，商家在乎的是 PRS 能否实

时地帮其完成商品推广，而用户则在乎 PRS 所产生的推荐信息能否为自己做出行之有效的商品选择带来帮助。与此对应，推荐解释的目的也包括两方面：一是帮助卖家提高销售额；二是帮助买家提高购物效率[45]。由此可以看出，二者对于推荐解释的采纳意图有所不同，如卖家希望提供更有说服力的解释来提升绩效，而买家希望找到性价比更高的商品，并为其决策找到合理的解释。尽管目的不同，但推荐解释在双方沟通过程中起着重要的交流作用。一般而言，推荐系统提供解释的目的有如下几种，如表 2.3 所示。

表 2.3　推荐解释的主要目的及具体内容

主要目的	具体内容
说服力	Fogg（2002）指出，推荐系统被有目的地设计成以预设的方式影响人的行为或观点，推荐技术才有可能具有说服力[46]。按照这个理解，PRS 中以说服为目的的解释就是要影响用户的行为意向。例如，PRS 或许着重提及某种商品的正面信息，而对其负面信息却有意隐藏
透明性	推荐解释可使推荐信息透明化，目的是为用户提供参考信息，使其能够理解推荐结果是如何通过推荐系统产生的。推荐解释还能告诉用户为什么选择某一商品比选择其他商品更为合理，比如：推荐系统向用户推荐一部 Vivo 智能手机，可用户本来打算购买的是华为手机。透明性解释可能会提示你，因为用户上次购买过 Oppo 手机，而 Vivo 与 Oppo 出自同一厂家，其功能设定和样式风格可能更符合当前购买者的使用需求
有效性	在 PRS 中，有效性的含义是指推荐信息帮助用户提升决策质量。有效的推荐解释一般都能辅助用户发现并确认自己的偏好，以使其做出相对满意的决策。推荐解释的有效性与推荐结果的准确性相得益彰
正确性	推荐解释可用来协助用户考察推荐结果的准确性，但辨别准确性不见得能够满足透明性。举例来说，关联规则算法也许判定 X 商品与用户的一组需求完全匹配，计算过程透明化可以揭示关联规则挖掘是如何生成推荐结果的，却无法使用户相信推荐结果的准确性。但是，通过让用户将推荐系统提供的产品特性与他们的需求做比较，能够帮助用户识别推荐产品的质量，从而有利于用户做出更为正确的消费决策
可理论性	网络用户的成员背景千差万别，比如年龄差异可能从十几岁到六七十岁不等。推荐系统或许终将弄不清用户拥有的知识存量，引导用户把现有的信息与推荐系统产生的信息形成连接，有利于发挥推荐的作用
信任度	Grabner（2003）指出，信任感的构建通常被视为一种在不确定环境下降低人工决策复杂度的方法[47]。推荐解释的意图在于建立推荐过程中的用户信任，从而降低推荐质量对于用户的不确定性程度，比如："您历史退票 7 次，已损失 83 元手续费，为您推荐'退改无忧'。"
满意度	推荐解释希望能够被用来提升推荐系统的效能，该目标通常与其他推荐目标具有不同的侧重点，比如说服力。这个目标的动机或许并非总是一成不变，比如有时为了增加消费者的重复购买行为

续表

主要目的	具体内容
教育	推荐解释能够帮助用户更多地了解相关产品信息，基于深度学习的解释机制能够引导用户重新定位需求，并权衡不同选择的利弊。当用户对相关领域知识了解得越多，他们所做出的购买决策便会越明智
效率	在 PRS 中，效率的含义是指推荐系统能在多大程度上提升用户的决策质量。一般情况下，减少决策所需的时间是推荐解释呈现的主要目的之一。此外，效率还可从用户所付出的认知代价来衡量，用户在接受推荐结果时所付出的认知代价越少，效率越高；反之，效率越低

资料来源：作者根据相关资料整理。

表 2.3 中提到的各种推荐解释目标彼此相互关联，比如，增强一个推荐的有效性可能会对满意度有正向影响，而缺乏透明性的解释可能会在说服力上有所损失。因此，构建解释的第一步就是要明确解释的目标。为了评估解释的效果，对推荐过程中不同沟通目的所产生的效果都必须进行交叉验证。

4. PRS 中推荐解释的作用

推荐解释能够部分解决当前 PRS 所面临的问题，凭借一种典型的互动方式，推荐解释好比 PRS 与用户之间的“桥梁”，起着重要的沟通作用。有效的推荐解释可以帮助用户根据自己的消费定位做出合理的购物决策，并且还能增加用户的满意度，有效发挥 PRS 的性能，实现由效用向实际收益的转化。总而言之，推荐解释所带来的积极作用，可以归纳为如下 5 个方面：

(1) 强化交互性

有些类型的推荐解释，比如前面所提到的基于会话的推荐解释，能够增强推荐系统与用户之间的交互性[49]。多数情况下，推荐系统在为用户提供推荐时是一种单向行为，系统推荐什么就是什么，顾客要么接受要么就不接受，双方之间无法交流。而推荐解释可以提供交互的途径，例如当用户对推荐结果不满意时可通过相关操作重新获取推荐，也可通过修改某些具体参数，或者向推荐方提出一些新的主张，从而使推荐方向得以修正。推荐解释的作用是促使系统与用户之间形成良好的互动循环，从而使推荐质量与个性化程度得到提升。

(2) 解决“黑盒子”问题

当用户感觉到推荐系统就像一个“黑盒子”时，会对推荐系统产生戒备心理，正如大多数情况下，人们不会相信和采纳陌生人或不了解的人所提出的建议[48]。而推荐解释可以通过一些方式尽可能将推荐系统的运作原理呈现给用户，使得用户知道系统为何会向他提供这样的推荐信息。原因弄明白了，用户才有可能进一步考虑是否要接受推荐方所提供的信息。例如：现在有10个用户，假如他们对推荐结果的可靠性无法识别，则结果有可能是他们全部拒绝接受推荐信息；而通过引入推荐解释，使这10个用户都清楚系统是因为什么原因才提供这样的推荐，或许其中一部分用户会认可推荐解释并采纳PRS所提供的推荐信息。

(3) 协助用户决策

推荐系统中具备推荐解释，就如同一个商店里拥有专业贴心的导购员。在向顾客推荐商品时，导购员不仅会说出推荐的理由，还会对客户提出的各种疑问进行全面而详细的解答。有效的推荐解释能够协助用户快速而准确地识别哪些被推荐的商品是真正适合他们选购的，使其做出正确的决策[51]，从而减少用户因盲目随从PRS所提供的推荐而买不到满意商品的情况发生。

(4) 优化用户体验

推荐系统通过引入推荐解释机制，能使系统与用户双方更好地进行交流互动，增进相互了解[52]。不仅使用户从心理上减少了因陌生感而对推荐系统所产生的误解，而且也在实际操作环节优化了用户的使用体验。通过提高用户的决策速度和准确度，增强了其对推荐系统的信任感与依赖感。由此可以看出，有效的推荐解释在很大程度上能提升用户对推荐系统的使用满意度。

(5) 提高推荐的成功率

让用户采纳PRS所推荐的信息并购买其所推荐的商品，是推荐系统最主要的目的。推荐系统中引入推荐解释，将有助于提高推荐的成功率。相较于单纯的商品推荐，在推荐结果中附上推荐解释，能够增加用户对推荐系统的信任与信心[50]。无论什么样的推荐解释形式，都能使用户从某个角度上更加了解推荐商品和推荐系统，提高其采纳推荐信息或购买推荐商品的可能性。

2.1.3 分析小结

1. 个性化推荐系统（PRS）的分析小结

通过对现有关于PRS研究进展系统性研判可知，目前国内外众多学者主要针对如何改进个性化推荐的模型和算法的问题进行了研究，这些研究大多集中在计算机科学领域，较少有学者从管理学视角系统地回顾个性化推荐与用户行为之间的关系。随着个性化推荐在电子商务领域应用的日益普及，越来越多的管理和营销学者开始涉猎电子商务推荐系统这一领域的研究，大量研究为解释用户为何采用 PRS 做出了贡献。目前，相关领域的前沿和热点是个性化推荐对消费者决策和行为的影响，这也是营销学者最为关注的问题。

营销领域的相关研究发现，个性化推荐可以改变消费者的信息搜索行为、产品偏好、价格敏感度、决策方式和决策质量等，但该研究方向依然有许多值得进一步探索和研究的问题，比如：控制个化推荐过程的内生性问题，个性化推荐对消费者行为的长期影响问题，个性化推荐在不同决策阶段的影响问题，个性化推荐中的消费者隐私保护问题，等等。另外，还有一个特别值得关注的问题是推荐系统的可解释性（即推荐解释）问题，因为算法只是将个性化推荐结果通过推荐列表展示出来，而难以对推荐原因向用户做出充分的解释。缺乏解释机制的推荐系统降低了推荐结果的可信度，从而使推荐系统的实际应用效果受到影响，这也成了推荐系统在管理实践中的一个瓶颈问题。

2. PRS **中推荐解释的分析小结**

通过理论分析与调研可以看出，在推荐系统领域中，与推荐解释有关的理论成果还不是很多，就推荐解释的内涵界定存在分歧。在一些基础问题上，如推荐解释的呈现特征、不同解释形式对用户采纳意愿的影响机制等，尚需系统的研究。再如，提高一个解释的透明度可能会对可信度有正面影响，而提高推荐解释的说服力可能会在可信度上有所损失。因此，设计解释的第一步就是要定义解释的目标，为了评估解释的效果，对推荐过程中不同沟通目的所产生的效果都必须进行交叉验证。此外，解释是否正确或有用，取决于沟通过程本身。总体上看，需要解释的信息项、提供解释的目的、接受方的模型以及沟通的状态等因素都有可能影响到推荐系统在与接受方沟通时的解释生成。

从商业应用的角度看，推荐解释对于电子商务推荐系统来说，是一种有效的交流方式和必要的沟通途径。通过引入推荐解释机制，一方面，能够增强推荐平台与推荐信息的“透明度”，让不明“真相”的用户可在一定程度上弄清楚它的运作机理，包括推荐系统内部究竟是以什么原理和哪些信息作为基础；另一方面，有效的推荐解释能够使用户更快速、更准确、更容易地获得自己想要购买的商品，能够增强用户对电子商务推荐系统的信任感和依赖感，进而提升用户的满意度。总之，推荐解释在电子商务推荐系统与用户之间充当的是一种“桥梁”的作用，能减少用户的不确定性程度，优化用户体验，同时还能充分体现推荐系统的效能，实现其由效用向实际收益的转化。在以用户为中心的社会化商务领域，推荐解释必然具有不可忽视的应用潜力。

2.2 推荐解释的呈现特征概念界定与系统分析

近年来，关于信息呈现的研究，不仅在信息学领域，而且在营销学、广告学和传播学等领域广泛展开，特别是在当今日新月异的新媒体时代成为了研究的热点问题。推荐解释作为一种特殊的信息，与一般信息不同之处在于其呈现特征（含呈现形式与呈现内容两方面）对用户行为和心理的影响更为微妙。本节分别从 3 个不同的角度（即推荐系统角度、用户角度以及推荐系统与用户双方关系的角度）出发，针对推荐解释的 3 个不同呈现特征（即互动性、参照性和契合性）的相关研究进行回顾和梳理，为后面的研究做出铺垫。

2.2.1 推荐解释的互动性概念界定与系统分析

1. 推荐解释的互动性概念

互动性，又称作“交互性”，二者在英文里面都对应同一个单词（Interaction)。对于“交互”概念的理解需要考察组成该词的两个字：“交”和“互”，“交”：交往、沟通，“互”：彼此、相互，“交互”是指彼此之间交往、沟通的过程[53]。因为专家学者们存在立足角度、文化背景和研究领域等方面的差异，所以“交互”一词至今并未形成一致的解释和定义。本文提到的“互动”是指人与人或人-机之间相互沟通的过程，而“互动性”则指在上述两种过程中由交互因子构成的一些自然属性。有的学者将“互动”一词用“交互”表示，而将“互动性”用“交互性”表示，本文认为二者相互统一，代表同一个意思，本书涉及的“互动”或“交互”包含了人与人及人-机之间相互交流的过程。

推荐解释的互动性，亦指推荐解释关于人机互动、人机交互（Human-Computer Interaction，HCI 或 Human-Machine Interaction，HMI）的属性特征。"人机互动"是一门研究用户与系统之间的交流沟通的学问，系统既包括通常意义的机器，也包括各种应用软件或程序[54]。随着互联网技术的发展，互联网应用模式已经由传统的"人-机"互动模式变为"社会化"互动模式。Weiser（2001）在研究互联网功能的时候指出，作为人们进行社交活动的一种新型媒介，互联网将掀起一场社会交往行为变革的新浪潮[55]。吴瑶（2017）的研究指出网络社交成为企业与顾客之间的一种新型交互方式，即对传统服务模式产生了巨大冲击，也为企业服务创新提供了机遇[56]。推荐解释作为推荐系统的一部分，必将通过其互动性对用户的行为产生影响。

2. **推荐解释的互动性内涵**

前面提到，推荐解释是推荐系统的一部分，而推荐系统又是许多电子商务网站所具备的为网络用户提供辅助购买决策的一项功能，因此，可以说，推荐解释的互动性，其实质是代表网络商家的电子商务推荐系统与网购用户之间的互动关系特性，或者说是网站的互动性。现有研究中，关于网站的互动性研究，已积累了一定数量的研究成果，这些成果为本文探索关于推荐解释互动性对网购用户采纳行为的影响提供了理论基础。现有关于网站互动性内涵的研究中，广大学者们主要从三方面对其进行界定，分别为过程视角、特征视角和感知视角，如表 2.4 所示。

表 2.4　网站互动性的内涵

研究视角	学者	网站互动性界定
过程视角	Kiousis（2002）	强调网站的互动性包含一个连续过程，该过程由三部分构成，即基层的信息传播、上层的人际互动传播以及两者之间的双向传播，其本质是以互联网作为介质的人际传播，也被看作网络传播与人际传播的混合形式[57]
	Liu et al（2003）	将网站互动描述为用户与网站之间的或者是用户与用户之间资源的相互交换的过程，并强调这种资源的交换具有同步双向性或异步双向性[58]
	范晓屏（2007）	强调网络互动弥补了传统交流活动中的互动双方主体必须通过面对面的方式进行交流的不足，典型代表是以计算机及互联网为通讯媒介的交互行为[59]

续表

研究视角	学者	网站互动性界定
特征视角	Klein（1999）	网站互动性除了打破过去信息交往的传统方式外，还提出了“媒介”的概念，试图破除传统中介和新型媒介之间的差异，实现人与物之间的无缝连接[60]
	Heeter（2000）	网站上的互动是一种不受时空限制的交流方式，这种方式经历了一个由复杂到简单的过程[61]
	张初兵（2016）	网站互动性被认为是拥有属于特定媒体的技术特征，如计算机媒介或互联网环境[62]
感知视角	Newhagen JE（2010）	在对 MBC 与用户之间所发 E-mail 的内容做分析时指出，互动性是一种特征变量[63]
	Leow（2015）	在 Newhagen 的研究基础上，从感知视角将网站互动性界定为用户在与学习型网站进行互动时的认知体验，同时指出这样的用户体验反映出用户的一种心理状态[64]

资料来源：作者根据相关文献整理。

当前，无论是管理学、信息学还是传播学皆非常重视互动。尽管互动这一名词目前在学界还没有形成统一的界定，但专家学者们从各自领域的研究需要和不同层面的立场角度出发，对“互动”这一名词的含义做出了解释，针对互动情景下的各种属性也分别进行了较为全面的论述。作者在对相关文献进行查阅和梳理的基础上，归纳出互动的定义，研究初期，学者们主要就人与人之间的互动，对其相关属性及对应含义进行了梳理，如表 2.5 所示。

表 2.5　互动的属性及其含义

属性角度	含义	作者
中介性	互动是媒介产生中介作用的过程[65]	Goffman（1967）
会话性	互动性是指系统具备与人沟通交流的特性	Avery（1982）
选择的有效性	互动性是指当用户面临多种不同类型的信息和多项不同属性的操作时，用户可对这些不同类型的信息或不同属性的操作进行选择的特性	Rice（1984）
用户的可控性	基于计算机的各种通讯设备在进行信号传输的过程中，能够对信息收发双方相互交流的状态以及相互作用的程度进行控制的特性	Rogers（1986）
响应性	互动性是指在对话双方在沟通过程中所传播的信息所具备的关联特征[66]	Rafaeli（1988）

续表

属性角度	含义	作者
促进人际沟通	互动性是指媒介不受时间或空间的限制而能满足人-人或人-机间无障碍交流的能力特性	Blattberg（1991）
转换的灵活性	互动性指在信息交换中言语转换的灵活性程度[67]	Schegloff（1992）
响应性	由响应方式和响应时间构成的多维度概念	Alba et al（1997）
用户的可控性	能使用户对通信介质的传播形式及内容产生控制作用的能力	Jensen（1998）
消费者参与度	互动营销的本质在于使用来自顾客的信息[68]	Day（1998）
互动所需时间	通讯速度是基于就绪时间、排队时间及与系统的交互延迟、等待的表征[69]	Novak Hoffman（2000）
用户可控性	用户对传播介质的识别或沟通方式的选择进行学习、改变的特征	Lombard（2001）

资料来源：作者根据相关文献整理。

部分学者基于媒介的互动方式和互动过程界定互动性的概念，如 Heeter（1989）认为互动性以计算机为载体、以互联网为依托，实现人与人之间的交流和互动。Ridings（2002）指出，与他人交流讨论、沟通共享和反复的互动有可能促进信任的建立，实现该过程的前提是，互动以互联网为媒介。另一些学者则从互动的主体入手界定互动性概念，如 Newhagen 等（2010）指出互动性是心理变量，感知互动性是一种"反馈"，包含两个维度：用户对媒体系统互动的心理感受和用户对反馈的心理感受。Liu（2003）和 McMillan & Hwang（2002）则提出感知互动性具有 3 个维度：一是响应，即外部反馈；二是控制，即内部反馈；三是沟通的方向。此外，还有一些学者从更多维度对互动性进行了描述。根据对感知互动性文献的整理，归纳了互动性维度的划分，如表 2.6 所示。

表 2.6　感知互动性维度划分

分类	学者	互动性的维度
两维度	Hoffman（1996）	人人互动、人机互动[70]
	Newhagen（2010）	对媒体系统互动的心理感受、对反馈的心理感受[71]
	Wu（2010）	外部反馈、内部反馈[72]
	Steuer（1992）	响应速度、响应范围

续表

分类	学者	互动性的维度
三维度	Liu et al (2003); McMillan & Hwang (2002)	响应，即外部反馈；控制，即内部反馈；沟通的方向[73]
四维度	范晓屏和马庆国 (2009)	虚拟性、隐匿性、感知有用性、感知易用性[74]
	张爱欢 (2014)	互动的程度、频率、环境、信息有效性[75]
	毕达天等 (2014)	互动信息性、互动自主性、互动功能性、互动响应性[76]
五维度	McMillan (2000)	互动的可控性、时空的灵活性、响应的水平、沟通的方向、沟通目的的感知[77]
	Ha & James (1998)	信息收集、娱乐性、连通性、可选择性、相互交流[78]
六维度	Heeter (1989)	对用户的响应、对信息的监控、信息获取的便捷性、用户必须付出的努力、促进人际沟通、统一承诺[79]
	Nogueira (1992)	响应性、可终止性、参与平等性、即时反馈性、使用的顺畅性、多样化的来源[80]

资料来源：作者根据相关文献整理。

2.2.2 推荐解释的参照性概念界定与系统分析

1. 推荐解释的参照性概念

参照性（Reference），又称作“参考性”，指参照有关材料来帮助某项工作的开展，在处理或研究某些事情时，把另外的数据或资料拿来对照[81]。在物理学中，参照性具有 4 个性质：① 差异性：选择的参照系不同，对同一运动所观察结果不同，举例来说，某乘客坐在奔驰的火车上，以铁轨为参照系，游客是运动的，但若以火车为参照系，则乘客是静止的；② 任意性：参照系可任意选取，但应以状态的描述尽可能的简单和方便观察为原则；③ 标准性：用来做参照系的对象都是假定不动的，被考察的对象是静止还是运动，都是相对于参照系而言的；④ 统一性：对不同的运动做比较时，应选择同一参照系[82]。

推荐解释的参照性概念，可以借鉴物理学中参照性的含义来理解，但推荐解释本质上是一种信息，属于信息学范畴，因此推荐解释的参照性与物理学中参照性的意义不尽相同。推荐解释的参照性是指 PRS 在产生推荐结果时，依据社会互动过程所产生的历史记录而形成的一种信息与规范的特性[83]。根据 PRS 产生推荐结果所参照对象的不同，推荐解释的参照性可分为自我参照和社会参照两个维度，自我参照是指个人通过将推荐信息与储存在记忆中的自我相关信息进行比较，来理解所使用 PRS 推荐的认知过程；社会参照是指 PRS 与用户之间形成心理联系的程度，社会参照为用户建立了一个网络互动的环境，当用户想要做决策时，可以通过这个环境获得许多相关帮助[84]。

2. 推荐解释的参照性内涵

上文提到，依据参照对象的不同，推荐解释的参照性可以分为自我参照与社会参照两个维度。这里的参照对象也称为参照群体，只不过参照群体并不见得一定指代多人，也可以指代一个人（如当前用户本人）。下面，针对参照群体的相关研究内容进行梳理和回顾。

（1）参照群体的概念

由推荐解释的参照性含义可知，自我参照的参照对象是使用推荐系统的用户本人，而社会参照的参照对象是网络上的其他用户（群体）。因此，参照群体成为了与推荐解释的参照性密切相关的一个重要概念，该概念最早由美国心理学家 Hyman 于 1942 年提出，参照群体又称标准群体，表示该群体的规范、标准和目标可以看作主体效法的样板和行动指南。

参照群体概念一经提出，便得到各领域专家和学者的广泛关注和重视。在接下来的几十年里，不同学者把它应用到相应的研究领域。比如，在社会学领域，参照群体一般被看成是某人的亲戚、同事、朋友和其他一些能够对此人产生影响的人物（Bachmann et al.，1993）。在行为学中，参照群体的概念亦成了一个具有广泛意义的研究对象，众多相关研究者从不同角度对参照群体的概念进行了界定，其中比较有代表性的概念界定如表 2.7 所示。

表 2.7　参照群体的概念界定

研究者	年份	定义
Hyman	1942	某方想了解其状态特征寻找可作为参考的其他群体[85]
Park & Lessig	1977	理论与假设角度对某方的印象、态度和状态有相当程度作用的对象[86]

续表

研究者	年份	定义
Moutinho	1993	在制定行为计划时对当事人心理、思想有重要作用的理想与现实中的个体和群体[87]
Nolan	2008	对某方的态度和行为有相当影响的个体和群体[88]
Batra. H & Kahle	2001	某方在确立行动方案时所借鉴的参考对象[89]
Escalas & Bettman	2005	客户所寻找的用来作为消费方式效仿的用户群体[90]

资料来源：作者根据相关文献整理。

综上可知，关于参照群体描述的相通之处为：①参照群体是根据某方本人与他方的相同以及不同做分析对比而形成；②参照群体能为个体也能为群体；③参照群体对个人的态度、信念、观念 和行为有重要影响。

（2）参照群体的影响作用及维度划分

关于参照群体作为前因变量的研究，Deutsch 和 Gerard（1995）依据遵从理论（Confrmity Theory），将参照群体的影响分为规范性影响（Normative Influence）和信息性影响（Informational Influence）两个维度[91]。以此为基础，参考 Kelman（1961）建立的社会比较理论（Social Comparison Theory）[92]，Park 等（1977）更深入地将参照群体的影响分为规范性影响（normative influence）、信息性影响（Informational Influence）和价值反映性影响（Value-Expressive Influence）3 个维度[86]，该划分相对系统地归纳了参照群体的含义，受到学者们广泛一致的认同，按照该维度划分而开发的量表亦得到了广泛引用。

（3）参照群体的前因变量

关于影响参照群体作用的因素，学者们很早就开展了与此相关的研究，如 Wittt 和 Bruce（1972）依据相关实证研究发现，影响参照群体的主要因素可以分为专家看法、风险感知以及某方对外界支持的需求等几个方面[93]；Park 和 Lessig（1977）认为，儿童相对成年人易为参照群体所影响[86]。总而言之，参照群体的影响因素通常包括 3 个方面：①个体特征；②群体特性；③文化因素。现通过表 2.8 对学者们的主要观点做出归纳。

表 2.8　参照群体作为调节变量的研究

变量维度	研究者（年份）	主要观点或结论
个体特征	White & Dahl（2006）；Rehman & Jamil（2016）	性别、职业、收入和受教育程度等各方面因素都可能对参照群体的作用产生影响[94,95]
	Lord & Lee（2001）；Yang，He & Lee（2007）	个体的决策自信心和自身文化倾向亦会影响参照群体的作用[96,97]
	Lord，Lee & Choog（2001）	通常而言，参照群体的作用反比于决策者的自信度，决策者对当前决策越自信，越少参照群体的意见
	Yang，He & Lee（2007）	集体主义意识强的员工相较个人主义意识强的员工来说更易受参照群体的影响[96]
	Mascarenhas & Higby（1993）	消费者的购买涉入度越高，越会重视参照群体信息并采纳参照群体的意见[98]
群体特性	Muniz & O'Guinn（2001）；Lord,Lee & Choong(2001)	群体的结构与规模、群体内部各成员间发生联系的状态、参照群体的属性特征等都会对参照群体的作用产生影响[96,99]
	Lord，Lee & Choog（2001）	参照群体的凝聚力与规模成反比，群体间成员关系的紧密度与参照群体的作用成正比
文化因素	Childers & Rao（1992）；Rehman & Jamil（2016）	不同地区、不同国家有各自不同的文化，因此参照群体的作用往往会在不同文化背景下表现出较为明显的差异[95]
	Guzman et. al（2006）；	基于公共服务方面的研究，证实了美国比加拿大的消费者更不容易受到参照群体的影响[100]
	Yang，He & Lee（2007）	以手机为例，中美两国的消费者在受参照群体的信息性影响和价值表现性影响时没有显著差异，而在受功利性影响时则有显著区别[97]

资料来源：作者根据相关文献整理。

2.2.3　推荐解释的契合性概念界定与系统分析

1. 推荐解释的契合性概念

前文提到，推荐解释的目的在于消除用户在获取信息时所遇到的疑惑，是推荐系统与用户之间的“桥梁”，为了达到此目的，需要努力增强推荐解释的契合性。推荐解释的契合性是指推荐方对推荐原因的解释与用户对推荐结果的认知、理解及预期之间的匹配性，这种匹配性的程度越高，表示推荐解释的契合度越高，说明推荐解释作为“桥梁”在商家与用户之间所起到的沟通和衔接作用越大[12]。有研究者指出，一种解释的最终效果固然与解释水平的高低有关，更与解释水平与心理距离的匹配程度有关[101]。依据此观点，推荐解释的契合性，其本质内涵可以理解为解释水平与心理距离的匹配性，这种匹配性程度越高（低），意味着推荐解释的契合度越高（低）。

2. 推荐解释的契合性内涵

从上面对推荐解释的契合性概念的分析可知，推荐解释的契合性从推荐与用户双方关系的角度可以理解为其解释水平与心理距离的匹配性。下面对解释水平、心理距离以及解释水平与心理距离的匹配性的含义进行具体分析。

（1）解释水平的含义

解释水平一词来源于时间解释理论，自 Liberman 与 Trope（1998）[102]发表了关于时间解释的开创性理论以后，陆续有许多学者投入到与该理论相关的研究中并取得了大量的成果，这些研究成果为解释水平理论的假说和基于这些假说的预测提供了有力的证据。Dhar & Kim（2007）认为，解释水平理论属于“纯粹认知导向”（Purely Genitiveve Orientation）的理论，该理论的核心思想建立在人们对某事件的心理表征，决定了其对社会事件的反应这一社会认知观点基础上[103]。Liberman 和 Trope（2003）指出，人们的行为方式会由于心理距离的变化而做出相应的改变[104]。那么，心理距离和解释水平对个体其他心理和行为所产生的影响，是否遵循着某种客观规律？这个问题有待进一步探索。

有学者认为，不管事件发生在时间距离、空间距离、社会距离还是可能性概率维度上，人们对事件的处理方式都存在相似规律，因此，可以将这 4 个维度纳入一个统一的心理距离框架，相同的解释水平原理可适用于不同的距离维度[105]。但是，另有学者对此观点持有不同的看法，例如，岑延远（2016）在考察乐观偏差与心理距离的关系时发现，主体对相异空间距离 Case 的乐观偏差与相惜时间距离 Case 的乐观偏差有明显不同的表现：主体对远时间距离 Case 的乐观偏差较小，但对远空间距离 Case 的乐观偏差较大[106]。由此可见，心理距离的不同方面对行为态度的影响会不会存在某种规律，有待深入探讨。

（2）心理距离的含义

心理距离的概念来自美学，由西方美学家布洛（Bullough）率先提出，不久，Beckerman（1956）将其引入社会经济学的研究领域。在后来的研究中，Trope 和 Liberman（1998）把心理距离这一概念与社会心理学联系起来，同时将之和解释水平整合起来，进行了系统化的理论与应用研究[102]。解释水平理论对心理距离是这样定义的：某人对他人所表现出来的认可、喜欢或者不愿与之交往的心理表现，反映在情感、态度和行为上的亲疏程度：亲意味着心理距离近，疏意味着心理距离远[107,128]。由此看出，心理距离体现出一种主观视角的距离，并不是指客观距离。

（3）解释水平与心理距离的匹配性

早期有学者在解释图表与图形的呈现形式时提出了认知匹配理论，该理论指出，任务与问题的不同描述方式会对决策过程产生不同的影响。当任务的描述方式与个体的认知水平相吻合时，认知匹配度高；反之，认知匹配度低。在认知匹配性较佳的情况下，个体对信息的处理更加积极[129,130]，信息加工的流畅性更好。有学者将认知匹配性理论引入购买决策领域，指出消费者对购买商品的价值期望越高，对购买商品的情感预测便会越积极[131]。

综合以上研究成果，本文认为，推荐解释的契合性含义从本质上可理解为心理距离与解释水平的匹配性。当人们处理近心理距离的事件时，倾向于采用低解释水平的方式，这样的方式反过来会拉近心理距离；当人们处理远心理距离的事件时，倾向于采用高解释水平的方式，这样的方式能保持适当的心理距离。因此，心理距离与解释水平之间隐含着某种客观规律的契合关系，笔者将这种关系特性称为匹配性。结合本节所研究的对象，可以推断出，推荐解释的契合性由心理距离与解释水平的匹配性决定，二者匹配程度越高（低），意味着推荐解释的契合度越高（低）。

2.2.4　分析小结

推荐解释作为一种与推荐系统密切相关的信息，其呈现特征及对用户行为意愿的影响与网站上其他信息具有相通之处，但推荐解释的呈现除了具备网站上普通信息所具有的特征之外，还具有一些其独有的特性。从共同性方面看，网站信息的呈现方式有动态信息与静态信息之分，与之相对应，推荐解释可以分为动态推荐解释与静态推荐解释。此特性是根据推荐解释的过程是否与用户有无互动来决定的，因此称为推荐解释的互动性，其含义与网站的互动性相同。

从独特性方面看，推荐解释是依据推荐系统形成的，而推荐系统所产生的推荐信息来源于用户的历史记录，或者说推荐信息是参照用户（包括当前用户或其他用户）的信息所生成的。如果所参照的信息是当前用户本人的信息，称为“自我参照”；如果参照的信息是社会上众多用户（可能包括当前用户本人，但也可能不包括）的信息，则称为“社会参照”。由此，“参照性”特征成为了推荐系统一个独有特征，而推荐解释的参照性与推荐系统的参照性刚好完全对应，故推荐解释的参照性也成为了推荐解释的一个独有特性。

另外，推荐解释的契合性同样与一般信息的呈现特征不同，这主要是因为推荐解释不仅是一种“说明”信息，而且带有“说服”的目的，值得注意的是，当推荐解释不能很好地契合于用户的心理需求时，这种主动式的说服信息可能会引起用户的反感。已有学者从“说明”信息的角度证明了信息的“双面性”比“单面性”更可能被用户所采纳，但缺乏从“说服”信息的角度研究对其用户采纳意愿的影响。推荐解释作为一种“说服”信息，其契合性特征便成为了与网站其他一般信息呈现所不同的另一个独有特征。

总之，互动性、参照性和契合性构成了本书所提推荐解释 3 个方面的呈现特征，无论是作为与一般网站信息所共有的互动性特征，还是作为推荐解释所独有的参照性与契合性特征，其在推荐系统领域的研究才刚刚起步，尤其缺乏相关实证研究。未来有待加强对推荐解释的呈现特征的影响因素和结果效能的实证检验，丰富推荐解释的实证研究成果。

2.3 相关认知体验影响因素的概念界定与系统分析

近年来，从认知体验角度来探讨影响用户采纳意愿的形成机制已成为信息管理与电子商务领域的热点问题，比如探讨为何不同个体或群体会表现出差异化的行为意愿、用户接受推荐信息的心理机制是怎样的、用户是如何对信息线索进行加工并进一步选择采纳行为决策等问题。用户采纳意愿的影响因素众多，本节重点回顾和梳理与本书相关的认知体验因素（包括系统用户体验、信息质量感知、心理抗拒、信任度和满意度）的研究进展。

2.3.1　系统用户体验的概念界定与系统分析

1. **系统用户体验的概念**

“用户体验（User Experience，UE 或 UX）”的概念来源于 20 世纪 90 年代中期在人机交互领域产生的“以用户为中心”的设计理念，Donald 博士从用户心理角度对这一理念进行了阐释。他认为，较佳的用户体验需要在不影响其如期实施计划的情况下，为用户带来正面和积极的情绪化体验，甚至带给用户意料之外的惊喜[132]。紧跟互联网的普及与完善，用户体验这一概念的适用范围持续扩大，所涵盖的方面远远超出最初的定义。如 Alben（1996）指出，用户体验涉及使用者与产品或服务系统从各个方面所进行交互活动，包括用户预期目标的实现程度、对产品的使用感受等[133]；Knijnenburg 等（2012）则定义用户体验为“用户在某种任务驱动下，受到外部的刺激触动而出现的心理反应”[134]；Hassenazhl & Tractinsky（2006）指出，用户体验是主体与客体或产品对象进行交互活动的情景下，当事人的个体自身特征、内在心理状态与相关因素彼此影响的结果[135]；我国学者喻国民（2018）将用户体验定义为“主体在某种特定时代背景下对其使用的产品或服务系统的一种心理感受”[136]。

综合以上定义，本书认为，系统用户体验是用户在使用电子商务推荐系统或服务过程中的主观感受。对于一个定位清晰的目标群体而言，其用户体验的共性是能够经过良好的设计实验来预估到的。系统用户体验是指用户在使用推荐系统或推荐平台过程中所产生的如情感、态度与认知等感受，它的客体为推荐产品或信息，即推荐质量（Recommendation of Service），主体则为网络环境下的用户[136,137]。根据信息系统成功模型，用户体验一方面会受到信息、系统和服务质量的影响，另一方面又会对用户采纳行为或接受意愿产生作用。需要注意的是，在对系统用户体验展开研究时，研究者应首先明确针对哪个领域研究用户体验，后续再采取相应的探讨方式和研究方法。

2. **系统用户体验的结构维度与测量**

关于用户体验的结构维度，Vandaele & Decouttere（2014）提出了一个包含 3 个方面的用户体验理论模型，从情感体验、意义体验和审美体验 3 个角度来考察用户体验的立体化过程[138]。Bernd（2002）基于营销层面对用户体验的结构做出了解释，将用户体验分为情感（Feel）体验、感官（Sense）体验、行为（Act）体验、思考（Think）体验和关联（Relate）体验 5 个维度[139]。这种维度划分使体验的构成更加细化，然而在实践中不太容易区分和分解，较为常见的办法是将几种体验类型加以综合。Peter（2007）提出了用户体验的蜂窝模型，将有用性（Useful）、可用性（Usable）、可寻性（Findable）、可及性（Accessible）、期待性（Desirable）、可信度（Credible）和用户价值（Valuable）7 个要素定义为用户体验的评价标准[140]。Jesse（2007）将网站的用户体验分为表现层、结构层、范围层、框架层和战略层 5 个层次，遵循以用户为中心的理念，阐述了怎样从系统与用户两个方面出发去实现和维护良好的用户体验[141]。

钱广斌（2017）基于用户体验的审美体验、意义体验和情感体验类型，将用户体验按时间维度划分为经验阶段、互动阶段和期望阶段 3 个阶段，3 个阶段既包含相同的内容，又具备各自不同的特点，彼此相互作用，共同促成整体的用户体验，构成用户体验周期[142]。具体描述如表 2.9 所示。

表 2.9　时间维度的用户体验评价模型

	审美体验	意义体验	情感体验
经验阶段	外观吸引力	身份契合度	品牌影响力
互动阶段	互动舒适度	生活影响力	整体愉悦性
期望阶段	扩展升级性	期望达成度	推荐意愿

资料来源：作者根据相关资料整理。

在“系统用户体验”测度问题上，部分研究者通过有用性（Usability）和易用性（Availability）两个方面实施测量。Davis（1989）等提出的技术接受模型（Technology Acceptance Model，TAM）认为感知有用性和感知易用性是影响系统用户体验的两个主要前因变量，研究发现，当工作场所的用户认为使用了新技术提高了自己的行为表现时，他们更有可能继续接受该技术。此外，当用户通过该技术完成相关任务而不花费太多的学习精力时，他们接受的意愿也会更高[143]。另外，学者们还发现用户在使用过程中除了感知到有用性和易用性外，还会产生情感依赖等体验效果。鉴于此，Baird（2006）认为，用户认识事物时会经历一个循序渐进的过程，并将系统用户体验分为 3 个层次，即行为层、学习层和思考层[144]。Hassenzahl 等（2006）从应用系统的非技术因素和技术因素两方面考察和评价了用户体验的效果，其中非技术因素是指娱乐和享受等感性因素，技术因素是指有用性和易用性等理性因素[145]。

乔歆新（2015）将针对即时通讯（Instant Messaging，IM）用户群的使用情况，将系统用户体验分为情感性体验和功能性体验两个维度，并通过结构方程模型验证了其在因素结构和路径参数上的差异[146]。吴继飞等（2016）从系统用户体验视角出发，将用户体验分为直接体验和间接体验两个维度，考察了其对分享内容的影响及内存作用机制[147]。孙石泽（2017）则以城镇居民在使用智能银行服务过程中获得的使用体验为切入点，将智能银行客户体验分为功能体验、过程体验、情感体验和社会体验 4 个维度，并利用 SPSS 20.0 对调研数据从这 4 个方面进行了对比分析，从中发现了智能网点智能化自助设备及金融服务在客户体验上的优势和不足[148]。

3. **系统用户体验的前因**

系统用户体验的形成和发展可能是多种因素作用的结果，有用户自身的影响，有产品或服务系统质量的影响，也有环境特征的影响，而且随着时间推移，用户体验的影响因素会发生变化。

（1）用户自身。程思琪和喻国明（2018）的研究指出，媒介用户的既有经验，是对用户体验产生关键影响的前因变量。如果用户在对于媒介产品的实际接触使用中感觉到产品推荐与介绍果真能解决其获取信息过程中的一些棘手问题，将提升用户期望与用户感知之间的匹配度，从而带给用户良好的体验[149]。可见，用户本身在媒体用户体验场域中占据着主体性地位，而用户体验又是出于用户的内在状态及主体感受，不同特征的用户必然会产生不一样的用户体验，其中既有经验作为用户的接触特征之一，是影响其自身体验的重要影响因素。乔歆新等（2015）在研究不同人格类型的即时通讯用户群对使用体验的影响中发现，问题人格型和健康人格型两种不同人格类型用户群的即时通讯使用动机会通过使用偏好的不同维度影响用户自身的使用体验[150]。

（2）产品或服务质量。Davis（1989）指出，高质量的产品或服务质量往往会导致优质的用户体验，他认为，产品或服务在设计时应力求简洁易用，尽可能减少用户在使用产品或服务时所需要理解和记忆的概念，这样才能改善用户的感知体验[143]。Hassenazhl 等（2006）指出，当产品或服务成为一种众所周知的品牌时，会提升用户对其的信任度，并且，若产品或服务具备较佳的视觉形象，也会提升用户对其的喜爱度[135]。Ward & Marsden（2003）指出，当用户使用界面设计良好的网站时，他们的皮肤传导性和心率会降低，使受众获得较高的愉悦度[151]。高梦晨（2018）在研究推荐系统的用户感知体验时指出，推荐的准确性、新颖性、多样性、交互充分性、解释度和信息充足性会通过透明度、用户控制、感知有用性和感知易用性影响系统用户体验[152]。

（3）环境特征。Ward & Marsden（2003）发现，当用户在浏览较为流畅的Web网站时，会表现更佳的使用体验[151]。Hassenzahl等（2006）、Knijnenburg等（2012）也指出，当用户使用产品或服务时，他们所处的环境将对他们的感知体验产生重要影响。当产品或服务内容与用户的接触环境相一致时，其感知体验会更好；否则，其感知体验会较差[134,135]。Laghari等（2011）在其研究中将受众接触的环境分为产品或服务的运营环境、人文与社会环境以及自然环境3个层次，同样发现，受众接触的环境是其用户体验的重要影响因素[153]。

值得强调的是，上述前因变量并非独立影响系统用户体验的因素，而往往是几个变量交织在一起对其产生共同的影响作用，这就需要我们使用组合实验来考察若干关键前因变量与结果变量之间的影响关系。

4. **系统用户体验的结果**

系统用户体验会产生怎样的影响效果呢？大多数学者分别从用户行为和用户意愿两方面进行了相关的理论与实证研究。

（1）用户行为。吴继飞等（2016）的研究表明，系统用户体验的两个维度（直接体验和间接体验）对分享内容会产生不同的影响及作用路径，具体而言，直接体验引发用户更多的过程模拟，而间接体验引发用户更多的结果模拟，并且，在直接体验下，用户更愿意分享操作方式，过程模拟在其中起到中介作用；而在间接体验下，用户更愿意分享所获价值，结果模拟在其中起到中介作用。同时，其影响过程还受到心理解释水平的调节作用，即通过适当地改变解释水平可以缩小直接体验和间接体验对分享内容的不对称影响效应[147]。王东峰（2019）研究了移动App用户体验对用户好评的影响，研究证实，除美观性外，娱乐性、便捷性、可靠性、风险性、功能属性和转换成本均会通过用户体验对用户好评产生显著影响[154]。

（2）用户意愿。李楠（2017）研究了社交媒体环境下用户体验感知对使用意向的影响，结果表明，社交媒体环境下感知易用性对使用意向存在显著的正向影响，而感知风险性和使用意向之间有显著的负向影响关系，感知鼓励性对使用意向具有显著的正向影响关系，同时隐私关注对这三个影响关系会起到相应的调节作用[155]。李成等（2018）的研究表明，推荐系统的用户体验感知指标（理性体感和感性体感）可以提升推荐系统的感知有用性和感知易用性，从而影响用户的使用意愿[156]。周涛等（2019）的研究证实，人机交互（包括感知控制、感知响应和感知个性化）和人人交互（包括相似度、专业度和熟悉度）会通过“流体验”显著影响用户的购买意愿和分享意愿[157]。

5. **分析小结**

通过梳理相关文献可知，当前国内外已经有不少关于用户体验的研究，但针对推荐系统用户体验的研究存在以下几个方面的不足：第一，现有与系统用户体验有关的研究成果主要集中在系统设计、网络服务、人机互动等领域，针对推荐系统用户体验领域的研究比较匮乏；第二，现有研究大多探讨前因变量对结果变量的直接影响，较少在分析各个中介变量的基础上，从多角度探索重要自变量通过中介对因变量的影响；第三，现有研究大多通过结构方程模型分析自变量与因变量之间的关系，较少采用行为实验的方法探究其影响过程与机制；第四，现有研究往往从技术角度探讨各个相关因素对用户使用体验的影响，却忽视了基于多维度、多视角探究更多因素与用户体验之间的影响机制。

基于以上分析，本书认为未来的推荐系统用户使用体验研究需要从以下两个方面加以展开：（1）以信息或系统质量为主要自变量作为研究的出发点。根据前文的讨论，用户体验相关研究的自变量与因变量繁多且彼此之间相互影响，在研究如此庞杂的变量关系时，研究者首先应将主要的自变量与因变量挖掘出来，在确定整体研究模型后，再逐步扩展所研究变量的规模。在推荐系统中，本书认为，信息和系统质量是最为重要的自变量指标。（2）以心理学、社会学等领域内相关理论为研究的解释框架。国外有关系统用户体验的研究涉及面较广，而国内在该领域处于研究的起步阶段，多数研究还维持在对概念的抽象理解上，未形成完整的理论体系。未来关于推荐系统用户体验的研究，除了从技术的角度考察自变量与因变量的关系，还需依据心理学、社会学等领域内相关理论并结合行为实验等研究方法来进行深度解释与论证。

2.3.2 信息质量感知的概念界定与系统分析

1. 信息质量感知的概念

信息质量与信息质量感知，并非两个完全不同的概念，二者是同一事物之于两个不同视角的反映：信息质量强调客观性，信息质量感知强调主观性。从哲学的观点看，信息质量感知是用户对信息质量的主观反映。由于信息质量的高与低（或好与坏），其评价标准本身就带有一定的主观性，因此，很难将信息质量与信息质量感知两个概念严格区分开来。由于本书是基于用户认知体验框架考察推荐解释对采纳意愿的影响因素和机制，故在此不对信息质量与信息质量感知两个概念进行区分，换句话说，本文提到的信息质量，均指用户体验下的信息质量，即信息质量感知。

从 20 世纪末到 21 世纪初，学者们对信息质量（Information Quality）没有形成统一的概念界定，有些学者将信息质量视同为数据质量，但对二者的取舍有各自的依据和见解。近些年来，基于用户的信息质量感知研究开始成为国外学术界信息质量评价领域的重要研究内容，学者们从各自研究角度对信息质量感知给出了不同的定义，如：Forgionne & Kohli（2001）从过程、客观以及主观角度将信息本身、信息访问过程和用户感知作为信息质量评价的主要指标[158]。Hilligoss & Rieh（2008）指出信息质量感知是在一定的信息环境中，人们参照其他信息或信息的期望而对信息的有用性和可靠性所产生的主观感受[159]。Chaudhry 等（2013）将信息质量感知定义为“满足用户的需求和偏好”以及“符合或超过用户的期望”[160]。Dalip & Cristo（2017）认为网络环境下用户的信息质量感知在相当程度上依赖于信息用户对信息存储与维护系统、信息生产者等所认知的维度[161]。Metzger（2007）指出信息质量感知是基于信息使用者的判断，包括对来源可信性的主观感知和信息质量的客观判断[162]。

对信息质量的定义，我国学者也从各自领域出发进行了较为深入的研究，如曹瑞昌等（2002）依据信息的定义提出了信息质量的三元性，即信息质量＝信息符号的质量＋信息内容的质量＋信息的效用质量[163]。高智勇等（2006）基于信息用户对信息需求的角度，将信息质量定义为信息产品或服务满足信息用户心理需求的程度，并用如下公式表示：信息质量＝f（事物，时间，空间，状态，来源，载体，表达方式，实得信息量）[164]。王侃昌等（2007）从企业管理的角度，将信息质量定义为满足工作流程上企业决策者和相关工作者需求的程度[165]。张耀辉（2012）基于用户对信息使用过程中的感知体验，认为信息质量不仅与客观信息有关，也与用户对信息质量的主观评价有关[166]。由此可见，国内外学术界对信息质量的定义种类繁多，而且多种定义并存，随着信息技术的不断发展，信息质量的定义得到逐步的丰富和完善。

然而，信息质量到目前为止仍未形成统一的定义，与之对应的信息质量感知的情况同样如此。Arazy（2011）等从满足用户主观的需求的角度对信息进行描述，认为信息质量感知是指信息满足用户期望的主观感受[167]。众多学者在有一点上已形成共识，即信息质量感知是一个多维的概念，它的每一维度由信息项的某方面所构成，并通过一组描述来体现[168]。考虑到不同用户对信息质量感知有各自的理解，研究中应该建立一个具有适应性的模型，使之能够对信息质量感知的特征和维度进行描述和标定[169]。然而，这些框架中的大多数都是直观的、特殊的和受约束的，不能形成完整的和系统化的测量模型[170]。因此，不管是什么样的信息机构，似乎都无法获得一种能够满足信息质量评估的普适性方法[171]。虽然信息质量感知在不同的领域研究往往对应不同的框架，但是研究者可以将现有文献中对其所作的界定和分类作为参考依据，建立符合他们需求的模型[172]。

2. **信息质量感知的维度与测量**

关于信息质量感知的结构维度的研究，Burgess（2007）指出，随着研究对象的变化，业界对于信息质量的衡量出现了不同的标准，但总体上看信息质量感知的探讨方向仍然表现出一致[173]。以相关研究中采纳的常规探讨方案为例，Yang 等（2002）将信息质量感知分为 4 个维度，分别为关联信息质量（Contextual IQ）、固有信息质量（Intrinsic IQ）、访问信息质量（Accessibility IQ）和表达信息质量（Representational IQ）[174]，具体内容如表 2.10 所示。

表 2.10 信息质量感知维度划分

维度	指标	依据来源
关联信息质量	相关性、完整性、流动性、及时性	Wand & Wang；DoD，Unitech，HSBC ASS 等；AT & T 和 Redman
固有信息质量	客观性、一致性、准确性、可信性、可靠性	Wang 等；Jarke 等；Goodhue；Ballou & Pazer
访问信息质量	可访问性	Eppler & Wittig
表达信息质量	可解释性、可阅读性、可理解性	Delone & McLean

资料来源：作者根据相关文献整理。

信息质量感知是一个多维度的复杂变量，自著名质量管理专家朱兰博士提出“fit to use”的质量管理理念后，国内外研究者对信息质量感知的评估维度进行了大量的研究。如 Deming（2000）总结出信息质量感知是信息用户对信息的有用性感到合意的程度，在此理论背景下，信息质量感知研究作为信息管理领域的热点研究问题之一，大多是从信息使用者的角度出发 ，分析用户在使用信息时对信息质量的评价和判断的问题[175]。Kim 等（2009）以网络书城用户为研究对象，通过调查亚马逊书城中的人机互动信息时得出，顾客在评价最佳图书信息时，对图书信息质量的打分标准多数集中在内容价值、效用价值以及服务质量上，当然不同信息素养的用户所给出的评价也会存在较大差异[176]。现对与此相关研究的具体内容进行整理，结果如表 2.11 所示。

表 2.11 信息质量感知研究的相关内容

来源	研究方法	分析视角	维度划分
Wang R Y，Reddy M P（1995）	理论研究，案例分析	用户评价信息的依据	可信性、有用性、可理解性、可存取性
Wang R Y，Strong D M（1996）	问卷调查，统计分析，专家访谈	组织信息质量管理与测量	内容质量、传播质量、存储质量、管理质量、维护质量
Dahn B K，Strong D M（2002）	问卷调查，统计分析	信息服务质量	有用性、易用性、合理性、可靠性
Caro A，Calero C（2006）	问卷调查，统计分析	信息来源	网络平台提供的信息质量、网络用户提供的信息质量

续表

来源	研究方法	分析视角	维度划分
Kim S, Oh J S[177]（2010）	文本挖掘、情感分析	用户评论信息分析	内容、效用、认知、参考资源、外部特征、社会情感
刘冰[178]（2011）	扎根理论	人-机信息互动	效用价值体验、美学情感体验、技术功能体验
李晶[179]（2013）	焦点小组访谈，问卷调查，结构方程模型	虚拟社区信息传播	信息载体质量、信息内容质量、信息效用质量
叶凤云[180]（2017）	问卷调查，因子分析	移动商务用户信息行为	消费前信息质量感知、消费后信息质量感知
陈渝[181]（2019）	问卷调查，偏最小二乘法	电子书阅读客户端用户行为	感知精确性、感知新颖性

资料来源：作者根据相关文献整理。

3. 信息质量感知的影响因素

由上文对信息质量感知相关定义的文献回顾可知，影响信息质量感知的因素主要可分为两个方面，一是信息质量的客观性方面，二是用户感知的主观性方面。下面分别从这两个方面，对信息质量感知的影响因素进行文献回顾与梳理。

（1）信息质量的客观性方面。苏强（2000）的研究指出，影响信息质量感知的因素包括：有用性、易用性、可信性、充分性和时限性 5 个方面，并强调，需要使用定性或定量的方法对不同的维度进行评估[182]。刘雁书（2002）在对国外有关网站信息评价标准进行编译的基础上，总结出了 8 个信息质量感知的影响因素：客观性、权威性、精确性、针对性、新颖性、切题性、美观性以及覆盖面[183]。Cyr（2008）从 IT 设计的角度分析了 IT 流从输入到输出对信息质量的影响[184]。Arazy 等（2011）认为，信息质量受到群体的构成、任务冲突度以及群体特征的影响[167]。马小闳（2006）认为，信息质量感知的影响因素包括完整性、实用性、真实性、安全性、通用性、易理解性和时效性 7 个方面，其中每个指标又包括若干个维度，在评价体系中引入层次分析法（AHP），易于给各指标分配权重，保证了相同指标测量的稳定性，尽可能避免了非客观因素的干扰，使测量结果更加准确，易被各个领域所接受[185]。

（2）用户感知的主观性方面。李晶（2014）在研究信息质量感知与信息源使用的差异性时，发现用户对信息质量的感知在很大程度上会受到网络购物经验的影响，信息用户之前获得的经验知识将对其态度与行为产生重要影响，所以，信息质量感知这一与态度相关的变量会因信息用户经验与知识的变化而发生改变[186]。江晓东等（2015）的研究表明，比较型网评会直接影响信息质量感知，同时还会受到接收者产品知识专业水平和认知需求的调节作用[187]。项典典等（2016）基于主客观路径比较的角度进行研究，对前人关于主客观信息质量影响大小的理论探讨做出了解答，研究发现，信息质量感知会同时受到信息易获性和社会影响两个因素的作用[188]。高翔（2018）以信息载荷、信息分类和 LOP 理论为基础，并结合金融领域的知识体系进行了相关研究，结果发现信息载荷、信息类型和金融素养会对投资者的信息质量感知产生影响，而且投资者对不同信息呈现的信息质量感知会有差异性的表现[189]。孙琳冰（2018）通过收集 455 份有效问卷，并采用回归分析方法研究了社交关系强度对用户分享信息与购买意向的影响，研究发现社交关系强度会正向影响用户对信息质量的感知[190]。叶凤云（2018）在对移动互联网用户学术搜索满意度的实证研究中发现，搜索口碑会通过用户期望影响用户对信息质量的感知[191]。

综合以上研究可以发现，用户通过使用信息所获得的认知体验是用户对信息期望与信息感知相比较的结果，这种认知体验将给用户与系统带来多方面的影响，包括用户对系统和服务的态度、用户对信息质量的评价以及用户对信息系统的满意度等。面对相同信息，依据不同用户或同一用户的不同体验，都有可能产生不同的认知。因此，信息质量感知可以理解为用户对信息的预期与交互过程中的一种认知体验，认知体验与信息评价二者互为补充、彼此制约，呈螺旋状上升的态势。信息质量感知是一个复杂的心理过程，除了信息本身、知识匹配等客观因素的作用外，还受到诸如使用者情绪、感受等主观因素的影响，因此，信息质量感知的前因变量研究亟待未来深入挖掘。

4. **信息质量感知的影响效应**

现有研究表明，信息质量感知通过直接效应、间接效应和交互效应对结果变量产生影响。信息质量感知对结果变量的影响效应包括：互联网金融信息用户的影响效应、电子商务平台用户的影响效应以及数字图书馆用户的影响效应。

(1) 信息质量感知对结果变量的直接效应。江晓东（2015）在研究比较型网上评论对说服效果的影响中发现，信息质量感知和信息可信度均会对说服效果产生显著正向影响；另外，该研究进一步发现，基于事实的比较型产品评论的感知信息可信度比基于评价的比较型产品评论更高，但基于事实的比较型产品评论的信息质量感知和说服效果与基于评价的比较型产品评论无差异[187]。何一清等（2017）基于信息加工视角，采用多案例研究，探讨了创业者认知变革能力的关键影响因素。研究发现，信息质量感知和信息来源质量感知都会对创业者的认知变革能力产生正向影响，但相对而言，感知信息来源质量的影响作用更大[192]。叶凤云（2017）基于获取的 492 份有效问卷，利用 AMOS 软件和最大似然估计法研究了移动商务用户信息质量感知对黏性倾向的影响，研究发现，移动商务用户消费前信息质量感知会正向影响访问黏性倾向，消费后信息质量感知会正向影响交易黏性倾向[180]。

(2) 信息质量感知对结果变量的间接效应。厉钟灵（2012）基于信息质量感知视角，对微博用户转发意愿进行了研究，发现信息质量感知会对信任和感知风险分别产生正向和负向影响，并且，信息质量感知会通过信任对用户转发意愿产生正向影响[193]。李晶等（2015）在研究中，将信息质量感知分为信息内容质量感知和信息效用质量感知，通过问卷调查收集了 318 份网购用户数据，实证研究了信息质量感知对信息获取与信息采纳的影响，研究发现，信息内容质量感知和信息效用质量感知均直接显著影响用户采纳信息的行为，并通过信息采纳间接影响用户感知决策质量[194]。项典典等（2016）利用结构方程模型，基于主客观路径的比较，针对移动网购用户研究了信息质量感知对信息采纳态度的影响。研究结果表明，信息质量感知是消费者是否将信息用于决策的关键影响因素，具体而言，信息质量感知通过信息搜寻间接影响网购用户的满意度，进而影响其信息采纳态度[188]。

杨海娟（2017）基于信息性社会影响和规范性社会影响视角，构建综合性问答网站用户信息采纳意愿的影响研究模型，并通过问卷调查和结构方程建模方法进行实证分析，研究发现，信息质量感知会正向影响信息有用性，进而正向影响信息采纳意愿[195]。叶凤云（2018）以 ACSI 和 D&M 为理论基础，对移动互联网学术搜索用户满意度的关键影响因素进行了探索性研究，研究发现，信息质量感知会正向影响感知价值，并通过感知价值正向影响用户满意度[191]。原欣伟

(2018)借鉴“认知-情感-意动”理论框架，研究了在线用户社区成员持续参与意愿的影响因素，研究结果表明，信息质量感知会正向影响社会存在感，并通过社会存在感正向影响持续参与意愿[196]。陈渝等(2019)基于理性选择理论和信息系统成功模型，研究了电子书阅读客户端用户流失意愿的相关影响因素，研究证实，信息质量感知会直接负向影响流失意愿，现时会通过感知收益和满意度间接负向影响流失意愿[181]。

(3)信息质量感知对结果变量的交互效应。查先进等(2017)以精细加工可能性模型为理论基础，考察了基于电子图书馆的信息有用性和信息获取的双路径影响因素，研究结果表明，读者对电子图书馆的信息质量感知会正向影响信息有用性，并通过信息有用性正向影响用户使用数字图书馆获取信息，其间还会受到信息获取自我效能的调节作用[197]。李晶等(2017)结合信息质量、信息行为和信息系统的相关理论，利用问卷调查和偏最小二乘结构方程模型法研究了学术社区信息感知形成机理，研究结果表明，学术社区用户的信息质量感知一方面会受到内容质量、信息效用和系统质量的正向影响，另一方面会正向影响持续使用意愿[198]。孙琳冰(2018)基于相关实证分析方法，研究了社交关系强度对用户分享信息与购买意向的影响，研究发现，信息质量感知一方面会受到社交关系强度的正向影响，另一方面会同时正向影响用户购买意向和信息分享意向[190]。

综上所述，信息质量感知影响结果变量的分析多集中于信息管理与数字图书馆用户端领域，针对电子商务推荐系统领域的研究还不多。在直接效应方面，现有研究主要从信息加工视角研究信息质量感知对用户行为的影响。在间接效应方面，现有研究主要以用户态度或意愿为结果变量，研究信息质量感知通过感知有用性、感知价值、感知收益等中介变量间接影响用户的采纳意愿。在交互效应方面，现有研究一是检验信息质量与自我效能的交互作用以及其对信息获取的影响，二是检验信息质量与系统质量和服务质量的交互作用及其对用户态度意愿的影响。以上研究大多采用问卷调查结合结构方程模型的方法，采用情景实验法的研究案例还不多见。

5. **分析小结**

通过以上对信息质量感知全面、系统的回顾与分析可知，当前学术界对该问题的相关研究侧重于信息质量的评价或预测，更多聚集于信息质量感知引发的结果因素，如持续使用意愿和知识分享等行为态度，还缺少前置动因的形成研究。

同时，国内外对信息质量感知的研究，无论是在研究的侧重点上还是在所处阶段上既有相似之处，也存在一定的差异：

（1）国内外对信息质量感知的研究都比较关注不同领域中信息用户对信息质量的评价和预测，这反映出信息质量感知的相关研究要与用户所处的信息环境相结合，才能体现其客观性和代表性。国外已将信息质量的特性放置于决策的背景中，考虑了环境的复杂性与决策的战略性，注意到用户对信息质量的评价将影响决策过程，相对而言，国内在这方面的研究比较欠缺。

（2）国内外对信息质量感知的研究经历了不同的阶段，20 世纪 90 年代，美国一些学者对信息质量和用户感知所进行的研究，比较注重相关理论研究与实际应用的结合。我国在 21 世纪才开展了与信息质量相关的研究，目前主要探讨的是理论框架，研究视角狭窄，层次较低。因此，我们应与时俱进，借鉴国外学界先进的研究成果，同时要注意节省资源，避免重复研究。

（3）国内外的研究机构和研究人员共同面临的问题是，如何准确而有效地对信息质量及其用户感知展开评估。国外已从用户对信息质量感知的维度、用户的态度和行为视角来研究信息质量感知，并在这些方面取得了丰富的研究成果，而国内尚缺少从用户信息需求、用户使用体验以及用户评价等方面对信息质量及其用户感知进行系统而深入的研究。

鉴于国内外研究中对推荐系统用户信息质量感知影响因素的深层次提示不足的问题，立足于用户视角研究推荐系统用户感知质量，明确其影响与制约的关键因素，就显得十分有必要，这将有益于拓展电子商务推荐系统领域信息质量感知研究的价值边界，并推动社会化电子商务的可持续发展。

2.3.3　心理抗拒相关研究及述评

1. 心理抗拒的概念

心理抗拒（Psychological Reactance），这一概念最早由美国社会心理学家 Brehm 于 1966 年提出，他认为，心理抗拒就是当个体受到某种约束、失去原有自由或遭遇丧失自由威胁时出现的一种心理反应[199]。换句话说，人们往常享有行使某种权利的自由，如果这种自由被剥夺，就会发自内心地表现出一种不满的情绪，即“心理抗拒”[200]。

心理抗拒是反应性的，通常出现在个体受到外界环境的影响或屈服于强制威胁而放弃自由的情境，因此，心理抗拒是个体受到特定情境的激发形成的一种内部心理状态，是一种特定情境变量。网络用户心理抗拒的后果有可能是，表现出与商品信息推送者对立或相反的情绪或行为倾向。结合国内外学者对于心理抗拒的理解，本文对心理抗拒的概念进行了总结，如表 2.12 所示。

表 2.12　心理抗拒概念汇总

学者（年份）	国内外学者的观点
Brehm（1966）	当个体失去自由或行为遭到约束时所表现出的心理状态[199]
Heilman & Toffler（1976）	当个体感知到自身的权益遭到侵犯或其正在进行的活动受到打扰时，用户将会通过努力消除侵犯或打扰。如某雇员被强制要求牺牲休息时间加班，则该雇员会产生不满情绪
Wicklund（1980）	用来描述个体自由面临威胁时的心理反应或状态[202]
诺文 & 杨静（2007）	广告信息接收者在认知、意向和情感等方面对广告信息发出者产生心理抵触，因而使得广告信息发出者的推销目的无法达到，甚至出现不如不进行广告宣传的结果[204]
王学东等（2010）	是一种相对主观的，对推荐信息表现出与推荐者观点对立或相反的心理反应和行为倾向[205]
万君等（2015）	用户对主动式推荐信息在态度方面的抵制心理，心理抗拒是客观环境与主体需要不相符合时产生的一种带有强烈抵触情绪的心理活动[206]
刘满芝等（2017）	心理抗拒是指用户不仅不受外界引导，而且是不接受应该接受的外界引导甚至故意违背[207]

资料来源：作者根据相关文献整理。

心理抗拒理论来源于社会心理学领域，通常用来解释个体感知原有自由遭到制约时出现的本能反应。该理论一经提出便受到广泛关注，涉及心理咨询与治疗、广告与营销、网络信息传播以及教育等多个领域的应用（王春荣和王光荣，2011）[201]。最初对于心理抗拒的概念描述，主要体现为个体感知自身行为受到侵扰、自由受限并希望恢复自由的一系列心理状态。Wicklund（1980）在其所提出的消费环境理论中，对心理抗拒在消费者行为领域的体现进行了较为深入的剖析，并指出了心理抗拒理论在该领域的广泛应用前提[202]。

到了 21 世纪，国内外学者一致认为心理抗拒是当今商品信息暴涨环境下普遍出现的一种社会心理现象。在参照国外学者对心理抗拒动机状态解读的基础上，国内学者将心理抗拒与营销场景相结合，透过现象考察本质，认为心理抗拒是个体对不请自来的信息在情感、认知上的心理防御甚至抵触情绪，在实际情境中，消费者或许不但不认可信息推送方的建议，而且可能做出完全相反的决策[203]。随着新技术在商业领域的不断渗透、营销策略的不断改进以及营销理念的不断升级，对互联网环境下用户心理抗拒的关注显得越发重要。

2. 心理抗拒效应的特点

心理抗拒产生后导致个体认知、情感和行为的变化被称为“抗拒效应”，国内外学者通过对心理抗拒效应的研究形成了各自不同的观点。国外学者 Quick 和 Stephenson（2007）指出，当心理抗拒产生后，个体往往会采取一系列措施来解除限制，手段可能是单一的，也可能是多样的，其目的是恢复原本的自由[208]。个体这种想要恢复自由、抵制约束的动机通常会产生三种效应：第一种是“反向效应”，反向效应是指个体采取与被要求相反的行动，比如当保险推销员通过各种假设想要劝说客户购买时，可能会引起当事人的心理抗拒而对推荐人和保险产品产生抵触情绪[208]；第二种是“关联反向效应”，关联反向效应是指当某个体或群体的权益遭到侵犯时，其他相关人员或部门会表现出不满和抗议，比如当学生被校方禁止在学校周边租房或进行餐饮消费时，一些校外房东和餐饮业老板会站出来表示反对[209]；第三种是“替代反向效应”，替代反向效应是指作为旁观者，对他人的反向行为表示支持和赞许，从而间接帮助自己实现目标，比如当未成年人收到明文规定禁止吸烟的信息时，会通过鼓动其他同类人员吸烟来达到恢复自身吸烟自由的目的[210]。

我国学者王铭等（2008）将抗拒效应的表现特征理解为生理与心理方面并存、直接与间接形式并存，但是，当个人的影响力或执行力有限时，个人的心理抗拒程度会降低，以至于不足以形成抗拒效应[211]。王学东（2010）对常见的几种心理抗拒现象进行了归纳总结，具体内容如表 2.13 所示[205]。

表 2.13　心理抗拒表现的主要特点

抗拒类型	主要特点
广告抗拒	广告信息中一些不恰当的宣传标语对于消费者的影响作用会适得其反，最终使消费者产生抗拒效应
政策抗拒	政府宣布的经济政策可能给人们带来重要的影响。例如：工资、个税和商品价格等的宏观调控对人们的生活有着非常重要的影响作用
价格抗拒	商品价格和用户购买之间的关系通常是一种反比关系，但是在市场商品供不应求等一些因素而导致人们心理恐慌的情况下，价格变动也会使消费者产生一定的抗拒心理，从而出现价格越上涨消费者越觉得应该买，价格下降却反而不购买、持币观望等现象
感觉抗拒	在受到商品广告的持续不断的宣传推广下，消费者对该信息的新鲜感会降低，从而出现感觉抗拒效应
购后抗拒	消费者对于商品的评价一方面在于消费者对商品的预期值和认识之间的差距，另一方面在于商品的质量以及性能的表现情况。如果消费者对商品的期望和实际感受之间的差距太大，那么就会产生一种失落感，对商品感到不满意，从而拒绝今后对此商品的购买，并且会告诫身边的人慎重购买该商品

资料来源：作者根据相关文献整理。

综合以上各种心理抗拒效应的研究，我们不难看出，个体在想要恢复自身遭到限制的自由时会采取什么样的措施，通常情况下由以下 3 个因素决定：即个体心理抗拒的强烈程度、恢复自由的可能性大小以及恢复受限制自由的成本高低。一般而言，心理抗拒的感受越强烈、恢复自由的可能性越大、恢复受限制自由的成本越低时，个体倾向于选择直接的方式来恢复自由；如果无法直接恢复，则个体会选择间接的方式来恢复自由[203]。

3. **心理抗拒的相关应用**

以往学界关于心理抗拒的研究多数集中在临床心理治疗、信息传播和教育领域，伴随着网络经济的兴起，各类网上营销活动中遍布商家的操纵性信息、他人的社会影响和说服意图等导致消费者产生心理抗拒的因素，因此心理抗拒对于互联网营销领域而言也是一个比较重要的概念[202]。

之前一段时间，心理抗拒理论在营销领域的应用大多体现在分析由于缺货问题导致消费者产生心理抗拒。如 Moore 和 Fitzsimons（2014）针对缺货情景下消费者心理抗拒的研究表明，特质抗拒敏感的消费者对处于缺货状态的商品会表现出更加迫切的需求，并且相对于现有存货而言，其对于补货的呼声更为强烈[212,213]。心理抗拒理论在营销领域中应用的另一个重要方面是主动弹出式广告对消费者购买意愿的影响研究。有关消费者对主动弹出式广告的反应及其营销效果的研究表明，主动弹出式广告行为有可能使得消费者产生强迫性感受，进而引发用户的厌恶情绪并拒绝采纳广告信息，甚至规避广告（Lee & Lee，2009；Edwards et al，2002）[214]。特别是当消费者对广告商品印象不佳时，商家的主动推荐行为不但会使消费者对其视而不见，而且可能导致其有意识地反其道而行之（Fitzsimons & Lehmann，2004）[215]。除此之外，各种促销活动也可能成为引发消费者心理抗拒的因素之一，如 Sharma（2014）等的研究发现，那些特质抗拒敏感度较高的消费者往往更可能把促销活动看成是商家试图改变其自身的购物打算，因此对促销商品的购买意愿反而更低[216-220]。

4. **分析小结**

以往研究对心理抗拒的理论发展做出了一定的贡献，但这些研究也存在不足与局限，未来关于心理抗拒的研究需要从以下几个方面加以考虑：

（1）在测量工具方面，现有与心理抗拒有关的实证研究大多采用 Edwards 等（2002）开发的强迫性感受量表和 Campbell 等[221]（2000）开发的操纵意图推断量表。其中 Edwards 的量表具有良好的信效度，并被广泛引用。尽管如此，心理抗拒的测量问题仍需进一步改进。另外，心理抗拒的结构维度还需进一步探讨，今后研究需要依据不同层次的心理抗拒构念去深入挖掘其内部结构。

（2）现有研究对于心理抗拒影响因素的探讨多集中于弹出式广告或商家的促销行为等营销学领域，而对推荐系统等信息管理与信息系统领域影响因素的挖掘相对较少[222-245]。因此，今后对于心理抗拒影响因素的探讨可考虑适当拓展研究范畴，以提升心理抗拒理论的适应性。

（3）从已有研究来看，心理抗拒的结果变量可归为两种不同的类型：用户态度和用户行为。现有研究更多关注由心理抗拒产生的行为结果，而用户态度方面的研究相对较少[246-252]。此外，在研究心理抗拒与其他变量的逻辑关系时，一个不能忽视的问题是逻辑关系的方向性问题，未来研究需要通过纵向探索法厘清心理抗拒与其结果变量之间的关系。

2.3.4 信任度相关研究及述评

1. 信任度的含义

关于信任度的研究，最早开始于 1950 年，先后蔓延到哲学、心理学、社会学和管理学等领域，信任度在不同的学科领域有不同的理解，没有形成统一的定义[222]。如社会学、管理学、心理学、电子商务和推荐系统等不同领域的学者对信任度进行了各自的描述，如表 2.14 所示。

表 2.14　不同领域对信任度的理解

领域	代表人物	对信任度的理解
社会学	Simmel，N. Luhmann，Kramer & Isen，Madhok 等	从社会学的角度出发，把信任纳入为人际关系的主要维度之一，或认为信任关系的形成，是建立在法律和法规制度上的一种社会现象；或认为信任文化的建立，是根植于社会习俗和伦理道德上的一种社会规范[223]
管理学	Morgan & Hunt，Cannon & Doney 等	信任度是基于计算的结果变量，只有具备可依赖的人格特质，才能与其开展有效合作[224]
心理学	M. Deutsch，Rotter & Wrightsman 等	总体上是参照心理学的规范方式，将信任定义为个体的人格特质、个人的心理世界等[225]
电子商务	Mayer，McKnight 等	信任度是用户对服务系统在多大程度上表现出正直、善意、能力和值得依赖的信心，将信任分为基于规章制度的信任、基于个体特征的信任和基于诚信文化的信任[226]
推荐系统	Wang & Wu 等	让用户相信 PRS 所推荐的信息具有准确性和新颖性；PRS 通过对用户的信任度进行评估，以预测和规避危害性的攻击；用户通常更信任那些与经常与之保持联系的商家的推荐[227]

资料来源：作者根据相关文献整理。

2. 信任度的分类

Paxton（2001）的研究指出，信任含有主观判断性、非对称性、弱传递性、扩散性、动态性、区域性、内容相关性和多种对应关系等基本特征[228]。依照信任特征差异，可以将信任度分成 4 种主要类型，具体内容如下：

（1）直接信任度与间接信任度。根据信任的传递性，可将信任分为直接信任与间接信任。用户彼此之间相互交流过程中所形成信赖程度，称为直接信任度。用户彼此之间没有经历直接交流互动，必须一个或多个中间用户建立关联，通过信任传播，构建信任水平，称为间接信任度[228]。

（2）全局信任度与局部信任度。对于整体系统，用户彼此间存在不同程度的间接信任，目标用户位置构成其关键节点，每个用户至多拥有一个全局信任度[228]。推荐系统中，推荐方本人值得信赖的程度称为全局信任度，目标用户与其相似用户之间彼此信赖的程度称为局部信任度。

（3）初始信任度与成熟信任度。依据信任形成前后时期，把信任划分为初始信任和成熟信任两个维度。初始信任度是指用户之间尚未形成互动时的信赖程度，成熟信任度是指用户间多次互动后的信任程度[229]。

（4）显性信任度与隐性信任度。依据信任获取的不同方式，把信任划分为显性信任与隐性信任两个维度。显性信任度是指目标用户对其邻居用户的信赖程度，隐性信任度是指普通用户间无须明确双方关系的信任程度[230]。

3. 推荐系统中的信任度模型

推荐系统中，常见的信任度模型有直接信任度、间接信任度和个人信任度 3 种模型。直接信任度表示用户之间相互熟悉且彼此信赖的程度，间接信任度可表示用户与其他虽不熟悉但具有相似偏好的用户之间的信任程度，信任度与用户活跃度及产品评价有关。下面对这 3 种信任模型分别予以简要介绍。

（1）直接信任度模型。依据用户之间过去互相评分的历史记录，可以计算用户的直接信任度。就 PRS 而言，若两个用户都对同一商品进行了打分，则认定这两个用户之前进行有过互动，即存在一次历史交互记录。现实中，用户往往与自身较信任的熟人互动的可能性要大于生人，用户之间以往互动次数越多，意味着用户彼此间信赖程度越高，之后用户相互推荐的概率便越大。依据用户之间的互动频次，可计算用户的直接信任度，即

$$IT(u,v)=\frac{|I_u \cap I_v|}{|I_u|} \tag{2.3}$$

其中，$I_u \cap I_v$ 可理解为两个用户 u 与 v 之前都对同一商品所进行过的商品评分集合，I_u 代表用户 u 对商品所进行过评分的集合，I_v 代表商品的个数，$|I_u \cap I_v|$ 可理解为两个用户 u 与 v 之前都对同一商品进行过评分的总商品数量，$|I_u|$ 代表用户 u 已对商品进行过评分的总数量。

（2）间接信任度模型。直接信任度往往凭借互动过程中用户的主观意识，通过用户之间过去交往的行为记录判断对方用户是否值得信任。倘若完全依靠直接

信任度进行计算，有可能使用户评判的准确性出现偏差。为此需要引入间接信任度，通过收集互动用户之外其他用户的历史评分数据，将其转换成间接信任度，使互动用户之间的信任更能反映现实中的社交关系。依据不同用户对其他具有相似偏好用户的共同信任，可计算出间接信任度，即

$$INT(u,v)=\frac{\sum_{p\in U_{uv}}DT(u,p)DT(p,v)}{\sum_{p\in U_{uv}}DT(u,p)} \tag{2.4}$$

其中，U_{uv}代表用户 u 和 v 共同信任的具有相似偏好的用户集合，p 代表用户 u 和 v 共同信任的具有不同偏好的其他用户。

(3) 个人信任度模型。当某用户对其自身所体验过的商品评分越主动积极，意味着该用户的活跃度越高。当某用户的评分数量不断增加时，其历史评分记录不断积累，评分的真实性也会受到更高的认可。相较于评分不多的用户，该用户活跃度高，其评价信息更值得信赖。将系统中用户评分商品数和所有已评分商品数平均值做比较，便可计算出用户活跃度，即

$$L(u)=\begin{cases}\dfrac{|Q(u)|}{2\times aver},|Q(u)|<2\times aver\\ 1,\ |Q(u)|\geqslant 2\times aver\end{cases} \tag{2.5}$$

其中，$|Q(u)|$ 代表用户 u 已评分商品的数量，$aver$ 表示所有用户已评分商品的平均数量。与全部评分商品总数量相比，将两倍项目数平均值当作分母，这是为了防止用户评分太少而导致分式值趋向于 0。

如果用户歪曲评价商品，这对了解该商品而打算购买的用户会产生负面影响，使这些用户显著降低对该评价的信任度。故需要考虑用户评分的偏差因素，以便筛选出质量高、有价值的评分数据。由于不同用户的评分值有可能存在较大差异，因此，在实践中，推荐系统用户一般情况下通过利用商品评分平均值来比较商品质量。如果用户评分与其均值差距不大，意味着用户评价相对客观，评价信息能作为参照依据。评价偏差计算公式为

$$S(u)=\frac{1}{N(I_u)}\sqrt{\sum_{i\in I_u}(r-\bar{r_i})^2} \tag{2.6}$$

其中，$\bar{r_i}$ 表示项目 i 的评分平均值，$N(I_u)$ 表示用户 u 已评价项目的总数。

4. **分析小结**

综合以上研究可以看出，信任度是一种偏主观的评价标准，按照主客体交互

过程给出评价和提供参考，以提升用户的鉴别能力，降低用户的决策风险。随着互联网＋商业的快速发展，人与人、人与物、物与物之间的联系变得越来越紧密，信任广泛应用于各个领域中，如社交网络、推荐系统和人工智能等。现有关于信任度的研究，多集中于信任模型的构建，并且取得了较为丰硕的成果，但这些成果仅限于微观研究领域，对于研究变量之间的关系存在一定的局限。未来研究需要加强信任度量表开发工作，为信任度在更多领域的应用提供测量工具支撑，以满足不同领域研究的需要。另外，现有关于信任度与其他变量之间关系的研究，大多将信任度作为中介变量处理，研究其前因后果。事实上，信任度也有可能充当调节变量的角色，即在高低不同的信任度情境下，会通过用户的认知体验对用户的态度和行为产生不同的影响。

2.4　信息采纳的概念界定与系统分析

2.4.1　信息采纳的概念

信息采纳（Information Adoption，IA）是指用户对信息的接受和采用，尤其是指经过选择或认同而对信息的采用和接纳。Wu 和 Shaffer（1987）在消费者行为研究中指出信息采纳是消费者对信息的认可并据此信息进行购买决策制定的过程，其能够在一定程度上对消费者的购买行为产生正向影响和激励作用[253]。Cheung 等（2012）认为信息采纳是消费者认同并依据口碑信息来制定购买决策的过程，会对消费者的购买行为有一定的影响与激励[254]。宋雪雁（2010）在用户信息采纳行为的研究中指出，信息采纳是用户有目的地进行选择、分析、评价、接受和利用信息的过程，此过程最终能够对用户的后续行为产生影响[255]。信息采纳的本质是一种决策行为，强调的是行为主体的主动性和自觉性。付少雄（2017）指出信息采纳是用户对某信息的一种正面响应，意味着用户对该信息持认可和接受的态度，并且也受到该信息的正向影响[256]。

在信息技术采纳领域的相关研究中，有学者指出，“采纳”（Adopt）通常是指个体和组织对新技术认可和使用的过程（Rogers，1983），与之相似或相近的词语有使用（Usage）、接受（Accept）和扩散（Diffusion）等。与“使用”相比，“采纳”的概念侧重于描述作为个体用户在考虑是否采取某项措施时的理性决策过程，而“使用”偏向于描述制定决策的行为结果。概括起来讲，“采纳”注重的是分析主观意愿，而“使用”则着重于描述行为结果。本书认为，“信息采纳”是用户获取有关网上个性化推荐系统的信息并根据自身实际情况选择与其需求相匹配的推荐产品，形成对 PRS 的认知理解，形成正向态度，可能尝试接受该推荐信息或购买其推荐产品的心理过程。

2.4.2 信息采纳的理论模型

信息采纳问题一直是管理信息系统研究领域的重要内容，近二十年来，学界在信息采纳理论方面取得了很多重要的成果。Sussman & Siegel[257]（2003）在研究网络用户采纳电子邮件等信息的相关影响因素时，以精细加工可能性模型（ELM）为理论依据，在技术接受模型（TAM）的基础上推导出了信息采纳模型（Information Adoption Model，IAM）。IAM 模型指出，信息质量和信息源可信度对信息用户感知有用性有正向影响，并通过感知有用性则正向影响用户对信息的采纳。IAM 模型里，信息质量与中心路线相对应，信息源可信度则与边缘路线相对应。Sussma & Siegel 对模型进行检验时发现，信息质量通过准确性、一致性和完整性 3 个因子测量；而信息源可信度则通过信息源的可靠性和专业性两个因子测量。IAM 模型如图 2.3 所示。

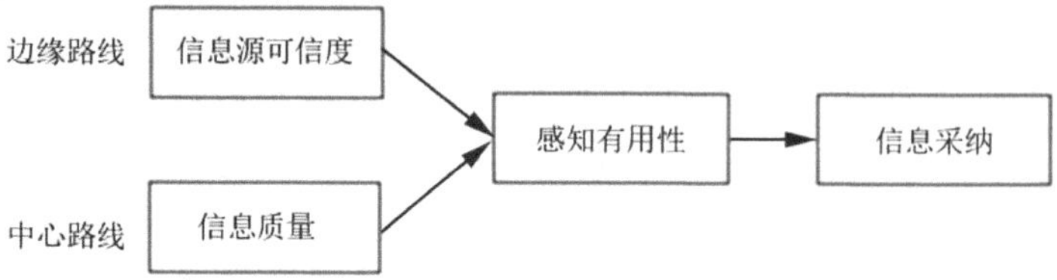

图 2.3　IAM 模型

IAM 模型包含 4 个构成要素：信息质量、信息源可信度、感知有用性和信息采纳，各构成要素的内涵如下：

（1）信息质量

信息质量这一变量最早来源于 ELM 模型，信息质量通常是指信息内容的质量，可通过精确性、一致性、时效性和全面性 4 个指标进行测量。Bhattacherjee 等（2012）认为信息质量是指信息自身体现出来的说服力，这种说服在沟通过程中所起的作用非常重要。信息对用户带来的解释和说服效果越明显，信息质量越高；反之，信息质量越低[258]。Petty & Cacioppo（1984）在其所提出的 ELM 模型中就信息质量这一具体变量展开了讨论，依据用户对所接受信息的不同反应，将信息质量分为强、弱信息，如果用户接收到的信息正是其所希望得到的，称为强信息；反之，则为弱信息[259]。赖胜强（2013）等人研究发现，强信息存在较高可信度，用户对信息的反应会朝乐观方向发展；相反，弱信息表现出较低可信度，用户对信息的反应会朝悲观方向发展[260]。

（2）信息源可信度

Hovland & Weiss 将信息源可信度定义为信息接收者对信息源所具价值的认可度和依赖度。Berlo 等将活力、资格和安全作为信息源可信度的衡量指标。Simpson & Kahler 把积极性、信任度、信息素养和使用经验作为信息源可信度的衡量指标。Desarbo & Richar 将诚信、吸引力、亲和力和专业性作为信息源可信度的衡量指标。Ohanian 将吸引力、可靠性和专业性作为信息源可信度的衡量指标。Gunther 指出，信息源可信度是用户对信息源理解与认可的程度，在行为方式上则表现接纳或推荐。王婧璇（2016）则指出信息源可信度是信息接收者认为信息可信、有价值、值得依赖的程度，可通过值得信赖的、可靠的、专业的和有见识的 4 个指标进行测量[261]。

（3）感知有用性

感知有用性最开始出现在技术接受模型（TAM）中，指用户对新技术系统的有用性认知。Davis 认为感知有用性是指员工使用新技术系统时所感知到的工作绩效改善或增强的程度[143]。随着推荐系统的出现，感知有用性的含义得到了相应的扩展和延伸，即指消费者通过有用的推荐信息而提升决策效率的程度。Koufaris（2004）等将感知有用性理解为，消费者所感知到的推荐系统能够帮助其有效找到目标商品的程度[262]。Vijayasarathy（2004）定义感知有用性为：网络用户通过电子商务推荐系统顺利获得欲购商品的感知[263]。Pitta & Fowler（2005）认为用户往往会查看并参考顾客的评价与观点做出购物决策，感知有用性作为信息采纳的前因，将对采纳意愿产生正向影响[264]。

（4）信息采纳

与信息质量、感知有用性一样，信息采纳同样源于 TAM 模型。“采纳”的原意是指用户对新出现的技术或系统表示认可，并在实际工作中采用。随着信息技术的产生与兴起，“信息采纳”概念被提出，有学者将其定义为用户出于某种目的而使用信息的过程，或者说是用户通过对信息的利用来帮助其完成预先设定的任务[254]。“信息采纳”与“信息接受”是两个不同的概念，信息采纳更能体现用户的主观能动性。宋雪雁、王平（2010）指出，主体因素、客体因素和人际因素是影响信息采纳的三大重要因素，主体因素是指与个体本身相关的因素，如个体的认知能力和实践能力等；客体因素是指个体之外的因素，如信息质量、信息源可信度和信息组织成效；人际因素反映的是个体身边的人对个体的影响，包括周围人的意见、态度和信念等[255]。

2.4.3 信息采纳的影响因素

迄今为止，国内外已经有许多专家学者深入研究了 PRS 用户信息采纳的问题，并取得了较为丰硕的成果。总体看来，PRS 用户信息采纳的影响因素可分为用户个体特征和 PRS 的功能特征两个方面。

（1）用户个体特征对信息采纳的影响

从国外的研究情况看，Knijnenburg 等（2010）在其研究中指出，影响用户对 PRS 采纳行为的主要因素包括隐私态度、感知有用性和推荐满意度等[265]。Dabholkar 等（2012）通过调查法构建结构方程模型，验证了用户的信任度、满意度和使用意图对推荐信息采纳的正向影响，同时还指出，加强 PRS 与用户之间的互动能提升用户对推荐系统的满意度，从而增加采纳的可能性[266]。Arslan 等（2014）基于用户隐式反馈实证评估了推荐系统的可靠性，研究发现，消费者的购买决策会受到相似用户的购买情况和评论信息的影响，进一步证实了参照群体理论[267]。Francisco 等（2015）通过整合技术接受模型、计划行为理论和信任理论，并结合用户的心理特征构建了信息采纳模型，实证分析了 PRS 用户采纳机制。研究发现感知有用性和信任是影响信息采纳意愿的重要因素，社群推荐和使用态度也对信息采纳意愿产生显著影响[268]。

从国内的研究情况看，马庆国等（2009）基于神经科学、情绪心理学以及技术接受模型等理论，选择泡泡网中的推荐系统作为考察对象，采用情景实验法实证研究了积极情绪对 PRS 用户采纳意愿的影响。研究结果发现，积极情绪通过感知有用性和感知易用性对采纳意愿产生正向影响，积极情绪通过降低用户的感知风险而提高了用户对 PRS 的采纳意愿[269]。李亚男等（2013）同样基于技术接受模型，构建了推荐系统用户采纳的影响机制，从抑制性和促进性两个角度加以分析。研究结论指出，社会临场感、感知风险、感知有用性、感知易用性以及感知信息诊断力等因素都对用户的采纳意愿产生显著影响，但是主观规范和信任的影响作用还需要进一步验证[270]。段尧清等（2019）以计划行为理论为基础，基于用户信息采纳行为视角，研究了数字图书馆个性化推荐的影响因素，研究结果表明，信息采纳意愿在信息质量、用户期望、感知有用性和主观规范对 PRS 用户信息采纳行为的影响中均起中介作用[271]。

（2）PRS 的功能特征对信息采纳的影响

从国外的研究情况看，Ziegler（2005）研究发现，推荐精确性和推荐新颖性并不总是能同时得到，推荐多样化的商品难免要以损失一定的推荐精确性为代价[272]。Knijnenburg 等（2012）通过回顾以往的研究，发现推荐的多样性、社群推荐和隐私保护等因素会对用户体验产生显著影响，而 PRS 用户体验又会对其采纳意愿产生显著影响[134]。Kluver 等（2014）的研究发现，新技术体验是影响 PRS 用户采纳意愿的一个重要因素，仅仅提高 PRS 的推荐精确性并不能成为吸引客户的“靠山”，只有不断提出新的算法才能改善 PRS 的用户体验[273]。

从国内的研究情况看，高迪（2017）通过整合信息系统成功模型和技术接受模型，构建了推荐系统特征对用户采纳意愿的影响模型。研究发现，对于搜寻品，推荐系统特征对采纳意愿的影响程度大小依次为交互性、精确性、新颖性和关联性；对于体验品，推荐系统特征对采纳意愿的影响程度大小依次为交互性、推荐解释、精确性和新颖性[274]。杨盛（2018）基于修正的技术接受模型（TAM2），通过引入感知风险变量，构建了推荐系统特性对用户采纳意愿的影响模型。研究发现推荐系统的推荐精度、推荐解释、交互性对感知有用性有显著正向影响，推荐系统的交互性对感知易用性有正向影响，感知有用性、感知易用性对采纳意愿有正向影响，感知风险对采纳意愿则有负向影响[275]。

综上所述，国内外关于 PRS 用户采纳影响因素方面的研究普遍是基于 TAM 模型，并结合信息采纳理论、创新扩散理论和心理学相关理论等构建用户采纳模型，以此作为实证分析的基础。通过对现有研究成果的梳理不难看出，影响 PRS 用户采纳意愿的因素主要包括两个方面，一是推荐方，如推荐系统和推荐信息质量；二是用户方，如用户的行为数据与用户的心理特征。

2.4.4　分析小结

以往研究对信息采纳的理论发展做出了重大的贡献，但这些研究在某些地方也存在一定的不足和局限。现有与 PRS 用户信息采纳相关的研究，主要体现在以下几个方面：

一是研究内容上，现有关于信息采纳的研究多为消费者行为研究，如电子商务推荐信息的采纳意愿、用户购买意愿等，少有针对用户心理活动开展深入研究，如基于用户体验的推荐解释研究较少。国内外对电子商务推荐系统的研究视角不够全面，虽有部分学者基于信息系统成功模型，研究 PRS 用户接受或使用意愿的影响因素及形成机制，但并未形成完整的理论体系。

二是研究深度上，国外学者基于信息管理与信息系统相关理论，从宏观、中观及微观各个层面对用户行为的影响因素及采纳意愿的形成机制进行了较为深入的研究。但国内研究多集中在信息技术理论与应用的基本问题上，对 PRS 用户行为作用机理的研究不够深入，尚处于初步探索阶段。

三是研究方法上，国外学者较多采用案例研究法、情景实验法以及社会网络分析法，而国内的研究方法相对单一，大多采用问卷调查法，没有与情景实验法等其他研究方法有机地结合起来加以应用。对怎么才能提升用户对推荐信息的认可并采纳的问题，缺乏从电子商务推荐策略等方面开展多视角的研究。对电子商务推荐系统的建设与评估、PRS 用户采纳意愿的形成机制以及个性化推荐系统如何影响用户体验等关键问题缺乏深入的研究。

2.5 推荐解释特性影响电商用户决策的理论支撑

2.5.1 技术接受的相关理论

技术接受理论是技术创新研究领域的热点，它建立在行为学和心理学的基础上，探索个体或群体对新技术或系统的态度和行为反应，考察技术应用过程中的用户心理，将此作为“技术”的应用、实施和改进的参考。

1. 理性行为理论

1975 年，美国心理学家 Ajzen 和 Fishbein 合作提出了理性行为理论（Theory of Reasoned Action，TRA），用其来解释用户的行为产生过程[276]。TRA 理论指出，用户的行为与其意愿是相关的，而行为意愿受到主观规范和行为态度两个因素的影响。其中，主观规范是指人们对规范的信任和遵从规范的动机；行为态度是指人们通过“理性地”对行为可能带来的正面作用和可能造成的负面影响进行衡量后所产生的一种心理反应。TRA 模型如图 2.4 所示。

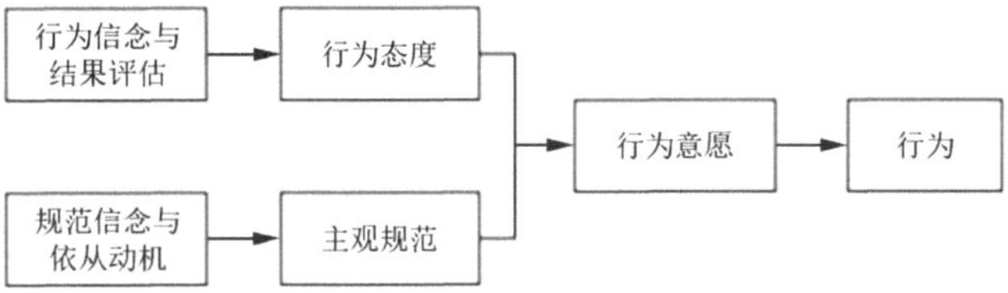

图 2.4　理性行为理论(TRA)模型

理性行为理论（TRA）为技术采纳模型（TAM）的提出提供了原始的理论基础，TRA 理论在对用户行为意愿的解释方面有其可取之处，但 TRA 理论也有其不足之处。TRA 理论的假设前提是用户对自己行为有完全控制权，事实上并非如此，当用户的行为受到无法控制的因素（如个体特征、环境以及基础条件等）束缚时，此理论的适应性可能会受到一定的影响。

2. **计划行为理论**

Ajzen[277]（1985）通过进一步研究证实，个体的行为除了受到“理性驱动”的影响，另外和“意志力控制”（Volitional Control）水平的高低有关，基于此，他在 TRA 理论的基础上提出了“计划行为理论”（Theory of Planned Behavior，TPB），在 TRA 模型的前因变量中引入“控制信念认知”这个因素，提出了更加具有解释力的 TPB 模型，如图 2.5 所示。

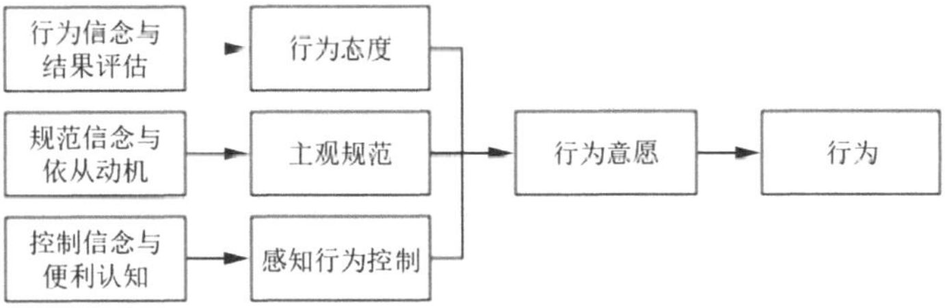

图 2.5　计划行为理论(TPB)模型

TPB 初始模型中，Ajzen 原本以为可以量化行为控制的强弱，可实际上很难对行为控制的程度做出客观评估，因此只好将感知行为控制当作真实的行为控制，这难免成为 TPB 模型的一个不足。但总的来说，TPB 模型为研究用户行为提供了新的思路与理论框架，受到研究者们的广泛关注。

3. **技术接受模型**

为了探明个体对于信息技术使用的影响机制，Davis[143]（1989）基于 TRA 理论，率先提出了技术接受模型（Technology Acceptance Model，TAM）。与 TRA 模型类似，TAM 模型沿用了 TRA 模型中“行为意愿取决于用户态度”的观点，但其针对用户态度的影响因素做了新的思考。Davis 通过将多个理论相整合，最终提出了建设性的见解，他没有继续沿用 TRA 模型中行为信念、依从动机与主观规范作为主要自变量，而是引入感知有用性、感知易用性作为 TAM 的关键因子，一起作用于用户态度及行为意愿，并指明，感知有用性从 Schultz & Slevin 的感知理论中获得，感知易用性从 Bandura 的自我效能理论中获得。另外，Davis 还认为感知有用性还会受到感知易用性的影响。TAM 模型提出的初衷是对新技术被采纳的关键影响因素进行理论阐释，不同的 TAM 模型因为接受的对象不同，其构成要素也有差异。TAM 模型如图 2.6 所示。

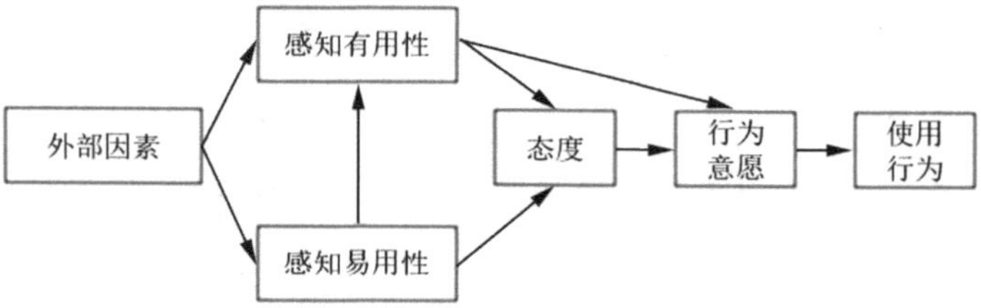

图 2.6　技术接受模型(TAM)

TAM 模型的逻辑结构清晰而严谨，在实证检验中具有较高的信度和效度，受到学者们的一致认可，在信息系统领域已被广泛应用，并逐渐成为分析和预测用户是否愿意接受信息系统的有力工具。同时，TAM 模型为研究消费者对信息技术的采纳和接受奠定了理论基础。然而，经过后续研究者的不断分析和总结发现，态度作为中介变量的作用甚微，不考虑该因素时，模型中自变量与因变量的关系更加显著。最终，TAM 模型修改为如图 2.7 所示。

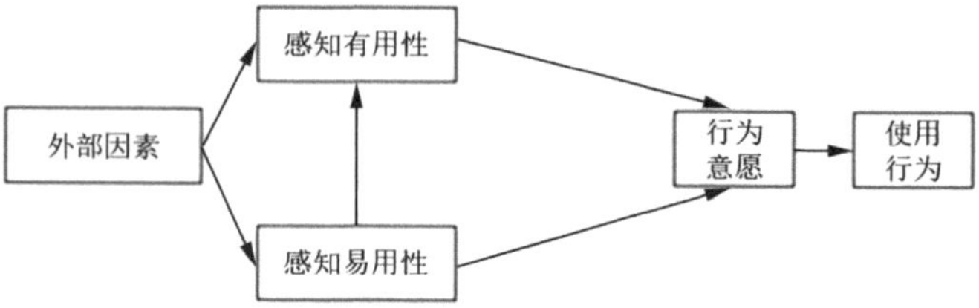

图 2.7　修正后的技术接受模型(TAM)

4. **扩展型技术接受模型**

来自组织环境等方面的压力可能对用户采纳新技术产生影响，考虑到这一点，Dishaw（1999）等学者强调需要保留“主观规范”[278]。Legris 等（2003）指出，在 TAM 模型中增加组织和系统方面的因素，将有利于模型解释作用的提升[279]。Venkatesh 和 Davis[280]（2010）在考察了各种有关 TAM 模型的研究后，提出了扩展型技术接受模型（TAM2）。在 TAM2 模型中，主观规范、形象、工作相关性、输出质量、结果可展示性均影响感知有用性，其中前三者归为社会影响，后两者归为系统影响。用户体验效果的改善会减小主观规范对感知有用性和行为意愿的影响程度[281-282]。TAM2 模型如图 2.8 所示。

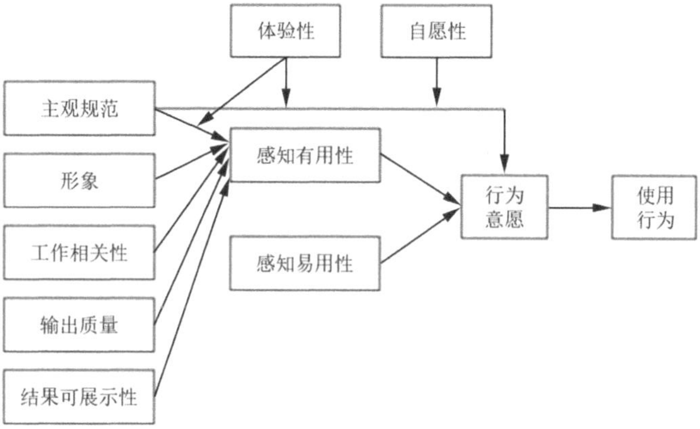

图 2.8　扩展型技术接受模型(TAM2)

TAM2 模型在保留了 TAM 模型核心元素及主要结构的基础上，增加了工作相关性形象及主观规范等社会影响因素，引入了认知体验因素对感知有用性的影响，使得 TAM2 模型比 TAM 模型具有更强的解释力。

2.5.2　信息系统成功模型

在早期关于信息系统的研究中，学界广泛使用 TPB 理论和 TAM 模型等来解释新技术为什么更容易被用户采纳。尽管得到采纳是信息系统成功的一个方面，但不能把用户采纳与信息系统成功划上等号。由于信息系统成功影响因素的复杂性、多样性和相互依赖性，学界未形成对信息系统成功的统一评价指标。不过，在管理信息系统领域，怎样实现对信息系统成功的合理评估成为了许多相关学者共同关注的课题。1992 年，国外两位学者 Delone 和 Mclean 在借鉴已有研究成果的基础上，率先建立了 D&M 信息系统成功模型（DeLone and McLean Model of IS Success，“D&M 模型”）[283]。

DeLone 和 McLean（1992）提出的信息系统成功模型被称为初始 D&M 模型，该模型得到了业界广泛认可与应用。两位学者通过对 1981—1987 年间的 100 多篇论文的分析后认为，信息系统成功涉及信息与系统质量两个方面，与用户的行为与心理有关，并在此基础上提出了初始模型，如图 2.9 所示。

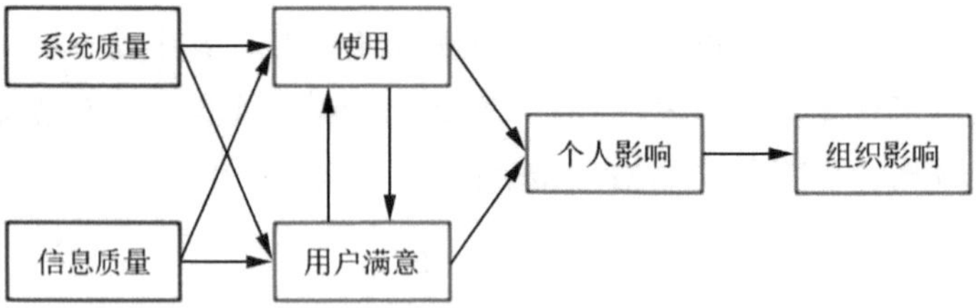

图 2.9　初始 D&M 信息系统成功模型

初始 D&M 模型包含系统质量、信息质量、使用、用户满意、个人影响和组织影响 6 个变量。其中系统质量和信息质量两个指标用来评估系统自身特征，系统使用和用户满意两个指标用来评测用户对系统使用情况，用户的使用情况对个人和组织产生影响，同时系统使用和用户满意之间也相互影响。初始 D&M 模型中的系统质量是指信息系统运行时表现出的稳定性、易用性和响应性等；信息质量是由信息系统输出的信息完整性、时效性、准确性等因素来衡量；使用是指用户对系统的使用情况，如使用时间、频率以及对系统的依赖度；满意度指用户使用信息系统后的自身感受，是用户对信息系统最直接的评价和决定是否使用该信息系统的重要变量；个人影响是指员工使用信息系统后工作效率得到提高、决策质量获得提升；组织影响涉及的内容较多，有生产效率、产品质量、竞争优势等，是信息系统成功的最终目标。

初始 D&M 模型针对信息系统成功的要素和过程提供了一个比较全面的分析框架，通过建立易于理解而且富有连贯性的全局性逻辑结构，有机地把内容丰富的信息系统理论各个要素进行融合，同时对 IS 分析里一些看似难以令人信服的结论做出了合理解释。虽然当时的 D&M 模型在 IS 成功领域的研究中发挥着重要的作用，但对于在当时的环境条件下所建立的初始模型，难免存在一定的不足，无论是对信息系统特性指标的界定、对系统用户使用行为的定义，还是对系统收益特别是组织绩效的测量，都需要在更为深入的理论探索中进行完善。然而，毋庸置疑，初始 D&M 模型为当今的 IS 相关研究提供了基本的思考框架，并为模型的实际应用奠定了坚实的理论基础。

初始 D&M 模型被提出后的 10 年中，IS 的应用对企业乃至社会的影响起到了不可替代的作用，但是 IS 的研究需要同步适应。于是，DeLone 与 McLean 于 2003 年在原来模型基础上进行了调整与扩展，通过 10 年的持续研究与思考，进一步提出了更新后的 D&M 信息系统成功模型[285]，如图 2.10 所示。

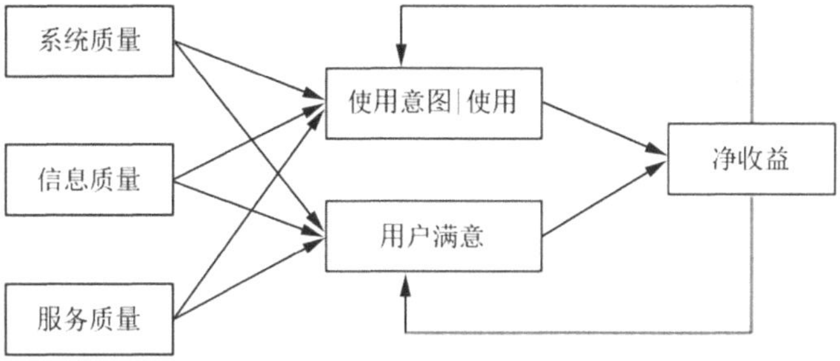

图 2.10　更新后的 D&M 信息系统成功模型

更新后的信息系统成功模型主要从以下几个方面进行了调整和改进，第一，在信息质量和系统质量的基础上，增加了服务质量作为新的前因变量，从 3 个维度来衡量信息系统的质量；第二，用净收益取代了原来的个人影响和组织影响两个变量；第三，将使用替换为使用意愿，使用意愿代表了用户的态度，因而比使用行为更加合适；第四，构建出了循环路径，即用户越满意，越愿意使用 IS，个人或组织用户会因此产生更多的净收益，而净收益的增加会提升用户的满意度和使用意愿[286]。更新后的 D&M 模型为 IS 研究提供了一个更加全面的思考框架，因而被广泛应用于各类信息系统的研究与建设中，具体包括企业系统、商务系统、社交系统、政务系统、学习系统、移动服务系统、医疗系统、个人系统、图书馆系统以及各类学术系统等[287-291]，这些研究为将信息系统成功模型应用到采纳意愿形成机制的构建提供了借鉴与启发。

2.5.3　解释水平理论

1. 解释水平理论概述

解释水平是指主体对客体的认知存在理解方式和抽象程度不同的心理表征，在理论上可以分为高解释水平和低解释水平。高解释水平是指主体对所接收信息稳定的、抽象的和本质的表征，而低解释水平是指主体对所接收信息变化的、具体的和现象的表征[292]。如用户使用“YouTube”或“QQ”交流信息时，“QQ”的选择可能会由于使用习惯或者文化差异不同而表现各异，体现一种低解释水平的表征；而“即时通信工具”的描述则显得比较抽象、稳定或更能避免受到其他因素的影响，解释水平相对来说更高。

解释水平理论（Construal Level Theory，CLT）是近年来发展起来的“纯认知导向”（Purely Cognitive Orientation）的社会心理学理论，该理论的核心思想建立在人们对社会事件的反应依赖于事件的心理表征的社会认知基础之上。解释水平理论认为人们对认知对象的心理表征具有不同的抽象层次（即解释水平），解释水平与个体感知到的与交往对象的心理距离有关，它影响着人们的判断和决策。Trope 和 Liberman 首次将解释水平理论与心理距离建立联系，探讨了心理距离的各维度（含社会距离）及相关应用[293-294]。

以往的研究多数只针对时间因素和解释水平的关系进行了考察，后来 Trope 和 Liberman（2003）对心理距离的定义进行了丰富，认为心理距离是指个体参照自己某时某刻的直接经验，主观上感知到的事件在什么时间、什么地点、发生在谁身上以及事件发生的可能性大小，据此将心理距离分为时间距离、空间距离、社会距离和可能性假设[123]。Trope 和 Liberman（2010）进一步指出，较小的心理距离有利于促进人际交流、建立可靠的人际关系，而较大心理距离会增加人际交往的不确定性并阻碍人际关系的建立[294-295]。

2. **解释水平理论的具体应用**

近些年来，解释水平理论不管是在实践应用还是理论研究领域，都受到国内外研究者的关注。在理论上，研究者们不断深挖和剖析对不同解释水平的理解，关注心理表征和解释水平的关系，并探究心理距离对个体判断、选择、评价与决策的影响机制，在一定程度上增强了解释水平理论的适用范围[292]。而在实践方面，解释水平理论被引入到企业品牌价值拓展、商业谈判、消费者行为研究、广告和健康管理等领域，具体如表 2.15 所示。

表 2.15　解释水平理论的具体应用

作者	研究对象	研究结论
Trope & Liberman (2003)	说服效果	对事件心理距离越远，越倾向于使用总体的特征；心理距离越近，越倾向于使用局部的特征
Henderson 等 (2006)	谈判问题	时间距离越近，谈判成功可能性越低；而时间距离越远，谈判成功的可能性越高
Wasklak & Trope (2006)	事件发生可能性	在较低概率时偏好于抽象的特征；而在较高概率时，偏向于具体的特征
Fujita 等 (2008)	说服效果	高解释水平个体强调客体的渴望性及一般性；低解释水平个体强调客体的可行性及特例性
Tsai & Mcgill (2010)	消费者自信	低解释水平者注重决策行为的可行性；高解释水平者注重结果的渴望性
JiewenHong & Lee (2010)	消费者反应	低解释水平者在复杂情绪中会表现出不适应；而高解释水平者不会出现不适应
Eyal & Liberman (2012)	谈判、预测问题	使用抽象的、核心的特征来描述远期事件；用具体的、表面的特征来描述近期事件
Duhachek & Han (2012)	健康信息	内疚感与获得框架匹配，羞愧感与损失框架匹配
Septianto & Pratiwi (2016)	广告效果	对于低解释水平者来说，采用情感型广告效果更好；对于高解释水平者来说，不存在差异[297]

资料来源：作者根据相关文献整理。

以上研究领域貌似互不相关，却共同反映出了个体内在的心理机制，该机制从某个角度反映了心理距离对群体相似认知的影响，也正是认知的相通性使解释水平理论引起了众多研究者的兴趣和重视[292-296]。更值得一提的是，近年来消费者行为领域的研究者已意识到解释水平理论对于消费者行为的重要影响，并逐渐取得了一系列的成果，这些成果的取得，为本书的开展奠定了坚实的理论基础。本文将解释水平与心理距离相关理论引入到采纳意愿形成机制的研究，而上面的成果则可成为重要的参考依据。

2.5.4　传播说服理论

1. 说服的概念和本质

传播说服理论是美国心理学家、传播学家霍夫兰德于 1959 年提出，Burgoon

和 Burgoon 等（1974）在随后的研究中将说服过程看成是一种信息传递的过程，也就是指说服者通过某种形式向说服对象表达和传递信息，旨在引起目标对象产生相应的心理变化，从而实现其认知调整和态度转变的过程[298]。

传播说服理论认为，说服是指行为者基于某出发点耐心地向对方说理，希望对方能认可并接受自己的观点。换句话说，说服是指说服者希望使被说服者的观点、态度和行为都朝特定方向改变，或者是一种至少能影响被说服者行为意愿的沟通。说服是一个相当重要的概念，许多学科都使用它或使用过与它相似的概念，如劝说、劝导和劝服等[299]。大众传播学领域，日本学者竹内郁郎认为，当传言者为实现一定意图时的传播即为劝服传播。社会心理学方面，当涉及要改变人们的社会认知和态度时，美国学者克特·W·巴克认为应该通过劝导的方法。这里的“劝导”“劝服”，都是与“说服”相近的概念。

2. **霍夫兰的态度改变-说服模型**

针对说服与态度改变的关系，霍夫兰进行了深入的研究，并对影响说服效果的众多因素进行了归纳和总结。说服是指说服者通过某种形式向说服对象表达和传递信息，从而实现其认知调整和态度转变的过程。从信息传递理论视角，霍夫兰指出，态度改变的过程是个体受外界信息影响并导致其心理发生变化的过程，他研究了这一过程中个体心理受到哪些因素影响。该理论主要从外部因素出发，探索导致个体心理实现改变的外在原因。依据社会判断理论，个体心态是通过其丰富的经历及思考所积淀形成的，当个体受到外部环境或新的文化思潮影响时，在拒绝的区域、接受的区域以及摇摆不定的区域里所形成的心理状态的反应存在差异。该理论主要研究态度改变的方向，专门从个体的内在心理出发，解密驱动其态度发生变化的心理机制[301]。

基于前面两个理论，霍夫兰提出了态度改变-说服模型，该模型包含了外部与内部机制，对引发态度改变的不同因素作出了系统的分析研究。由该模型所反映的观点认为，人们的社会认知会受到外界信息的影响，该影响又会对个体的态度产生方向不同的作用。当个体的社会认知与外界信息对个体态度产生交互影响时，有可能出现两种不同的情况，即：一是个体态度发生改变，二是个体态度保持不变。从传播过程的角度看，外部信息呈现形式对传播主体中的被劝说对象及其社会认知起作用，这也将对被劝说对象的态度是否改变产生不同的影响。霍夫兰的态度改变-说服模型如图 2.11 所示。

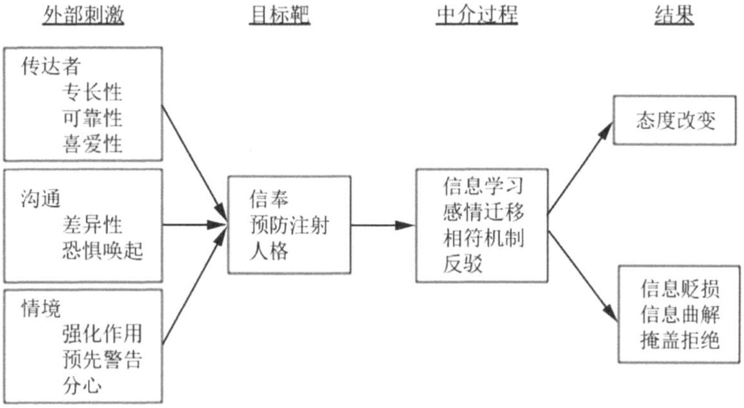

图 2.11　态度改变-说服模型

3. **说服理论的应用成果**

说服效应是人们日常生活中普遍存在的一种现象，对说服理论的应用也随处可见，特别是，随着电子商务时代的到来，国内外学者针对基于网络信息说服理论的相关研究越来越多。如我国学者马宇泽和王琳等（2017）基于说服理论，研究了拟人化沟通对新产品推荐采纳的影响[302]。国外学者 Cheung 等（2010）通过对在线信息相关文献的梳理和总结，最终发现在线信息两大最具影响力的因素可以归纳为两种逻辑体系：发送和接收体系、刺激-反应体系[303]。

另外还有研究者发现，信息说服力在很大程度上取决于信源的可信度，而可信度是一个多维概念，从不同方面影响用户的态度、意图和行为[304]。基于此观点，李治和孙锐（2019）考察了推荐解释对改变用户行为意向的影响，并通过引入信任度和涉入度作为调节变量，探讨了有/无推荐解释以及动/静态推荐解释对采纳意愿和购买意愿的不同作用机制，得出了一系列具有实践指导意义的研究结论[366]。考虑到 PRS 中的推荐解释不仅是一种“说明”信息，同时还带有“说服”的目的，本书引入传播说服理论，探讨在电子商务环境下推荐解释的呈现特征对用户采纳意愿的影响机制。

2.6　本章小结

通过对现有文献的回顾可以发现，有关 PRS 及推荐解释、推荐解释的呈现特征、用户认知体验的影响因素和信息采纳意愿领域的研究已经取得了不少相关成果，这成果为本书系统而深入的开展奠定了理论基础。然而，现有研究仍存在一些不足之处，具体表现在：

（1）现有推荐信息呈现特征的研究，多集中于PRS所产生的信息特性，如推荐信息的准确性、新颖性、多样性、独特性和惊奇性等。学者们从不同角度对推荐信息的呈现特征进行分类，但存在不够全面的问题，这类研究极少涉及推荐解释的呈现特征，相关概念界定也比较模糊，推荐解释呈现特征的具体划分并清晰界定的研究也不多见。

（2）现有研究对用户体验的探讨虽然很多，但从推荐解释的视角出发所进行的研究并不多，对PRS用户内在心理活动分析不够具体。PRS中的“推荐”具有主动性，而推荐解释中的“解释”具有目的性，根据心理逆反理论，人们对主动而有目的性的帮助比较容易产生反感。现有研究中关于广告以及单面信息引发用户心理抗拒的研究已经出现了一些，但尚未发现有针对推荐解释的相关文献，而这成为了PRS中推荐解释领域的一个研究缺口。

（3）现有关于信息采纳的研究非常广泛，信息概念涉及人类社会生活与工作的各个方面，而采纳主要包括态度与行为两个方面。通过国内外现有文献梳理，发现针对PRS中推荐解释的呈现特征影响信息采纳意愿的研究比较少见，基于信息系统成功模型的相关研究更为稀少。

为了弥补现有研究的不足，本书将在前人相关理论成果的支持下，通过问卷调查、情景实验以及二者相结合的方法解决如下问题：

（1）PRS中推荐解释的呈现特征是否会对用户的采纳意愿产生影响？推荐解释的哪些主要呈现特征会影响用户的信息采纳意愿？这些不同推荐解释的呈现特征是按照何种依据进行分类的？（前因研究）

（2）PRS中推荐解释的呈现特征会对用户的采纳意愿产生什么具体影响，是正向影响还是负向影响？其影响过程或机制如何？会受到哪些变量的中介作用和调节作用？（机制研究）

（3）PRS中推荐解释的不同呈现特征以及同一呈现特征的不同维度对用户的信息采纳意愿的影响存在何种差异，差异是否显著？（效果研究）

第 3 章　推荐解释特性影响电商用户决策的实证设计与应用

3.1　变量界定与关键问题解析

3.1.1　主要变量的概念界定

本节在第 2 章的分析基础上，就本书所涉及主要变量的基本概念做出详细界定，以便为制定调查问卷打基础，详细内容如表 3.1 所示。

表 3.1　主要变量的概念界定

主要变量	概念界定	参考来源
参照性	自我参照：电子商务推荐系统参照用户自己的信息所进行的推荐及解释； 社会参照：电子商务推荐系统参照社会上其他用户的信息所进行的推荐及解释	Burnkrant et. al（1995）； Wang & Benbasat（2009）
系统用户体验	感知有用性：用户感知到使用推荐系统能帮助其决策，能提高搜寻商品和购物的效率； 感知易用性：用户感知使用推荐系统所需花费的精力，是否容易使用推荐系统	Shih（2004）； Hassenzahl et. al（2006）； Dube & Helkkula（2015）
信息质量感知	感知精确性：指用户感知到推荐系统所产生的推荐内容与其喜好的匹配程度； 感知新颖性：指用户感知到推荐系统为其推荐他们不熟悉商品的能力	Herlocker（2004）； Gu et. al（2007）； 高迪（2017）

续表

主要变量	概念界定	参考来源
心理抗拒	强迫性感受：网络用户的认知历程被迫中断时所产生的心理反应机制； 操纵意图推断：网络用户对电商企业用来证明某一产品值得购买的策略以及使用这些策略的动机意识	Ha（1996）； Edwards el. al（2012）； Cho（2013）； 刘满芝等（2017）
满意度	用户对 PRS 所产生的商品推荐信息能够满足其需求和期望的程度的感知	Delone & mclean（2003）； Etkin & Sela（2016）
信任度	用户对电子商务推荐平台所表现出善意、能力、正直和可预测行为的信心	Maye & Davis（1995）； Sang et. al（2007）
涉入度	用户对其将要购买产品的重视和关注程度	Mitchell（1979）； Woodside et. al（1985）
采纳意愿	用户对推荐信息感兴趣，愿意浏览或购买电子商务个性化推荐系统所推荐的商品	Davis（1989）； 马庆国（2009）

资料来源：作者根据相关文献整理。

需要指出的是，本书重点探讨 PRS 中推荐解释的 3 个呈现特征（互动性、参照性和契合性）对采纳意愿的影响机制，其中互动性是针对推荐解释呈现形式方面的特征而言，参照性和契合性是针对推荐解释呈现内容方面的特征而言。表 3.1 之所以只给出了推荐解释的呈现特征中参照性的操作化定义，而未给出互动性和契合性的操作化定义，是因为本书并非通过量表测量的方法对互动性和契合性这两个潜变量及相应维度进行测量，而是通过实验操纵的方法实现对这两个变量不同维度的区分及数据获取（详见第 4 章和第 6 章）。

3.1.2 整体理论模型与关键研究问题

1. 整体理论模型

（1）模型建立的依据

推荐系统是一种信息系统，推荐技术也是一种信息技术。现有大量文献表明，无论是在计算机领域还是管理科学与工程领域，相关理论研究都已积累了较为丰硕的成果，为本书的开展奠定了基础。本文以信息系统成功模型为理论框架，结合信息管理学与社会心理学领域的相关理论，重点围绕推荐解释的呈现特征对用户采纳意愿的影响机制问题，创新性地构建出本书的理论模型。

（2）模型框架的建立

本书主要从两个方面和三个角度建立 PRS 中推荐解释的呈现特征对采纳意愿影响的理论模型：

① 两个方面，分别是推荐解释“呈现形式”的特征方面和“呈现内容”的特征方面。

② 三个角度，第一个是从“推荐系统”角度，第二个是从“用户”角度，第三个是从“推荐系统-用户”双方关系的角度。三个角度分别对应三个研究，前两个研究主要基于信息采纳相关理论研究推荐解释可能给用户采纳意愿带来的正向影响，第三个研究则基于社会心理学相关理论研究推荐解释可能给用户带来的负向影响。模型框架如图 3.1 所示。

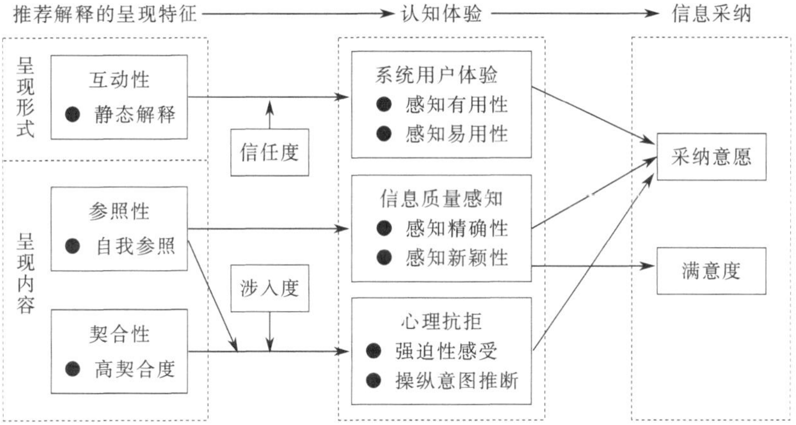

图 3.1　整体理论研究模型框架

2. 关键研究问题

通过对相关文献的总体评述和进一步研究方向的明确，本书以探明 PRS 中推荐解释的呈现特征对用户采纳意愿的影响机制为研究目标，以信息采纳模型、技术接受理论和信息系统成功模型为理论基础，展开较为深入和系统的研究。主要解决 3 个关键问题，3 个问题分别对应 3 个研究，后面的研究设计以及相关理论与实证分析都将围绕这 3 个问题展开。

（1）推荐解释的互动性对用户采纳意愿的影响机制

互动性是推荐解释呈现形式方面的一个重要特征。尽管以往研究已经给出了互动性的概念内涵和结构维度，并在此基础上进行了相关实证研究，但这些研究大多在教育学、医学和组织行为学领域展开。如有的研究分析了师生互动对课堂教学效果的影响，有的研究证实了医生和病人之间的互动对治疗进程的促进作用，有的研究探讨了雇主和员工的沟通互动对组织绩效的影响。另外，还有研究考察了网站的互动性对网络用户使用意愿的影响，但尚未发现运用管理学相关研究方法来研究基于 PRS 的推荐解释影响用户采纳意愿的相关文献。推荐解释的互动性与网站的互动性虽有密不可分的联系，但二者不完全相同，在现有研究成果的基础上，探讨推荐解释的互动性对 PRS 用户采纳意愿的影响机制，成为本书将要解决的第一个关键问题。

(2) 推荐解释的参照性对用户采纳意愿的影响路径

参照性是推荐解释呈现内容方面的一个重要特征。相比普通意义上的信息呈现，推荐解释的参照性来源于推荐算法的参照性，现有关于此方面的研究大量在计算机科学与信息系统等领域展开。这些研究大多数关注个性化推荐算法的提出或改进，如协同过滤推荐算法、基于内容的推荐算法和混合推荐算法。随着大数据技术的兴起，有研究者针对用户数据越来越多的现实情况提出了一种整合多源信息的个性化推荐策略，这些研究的一个共同特点都是以广大用户和商品信息作为参照性来源，以推荐技术作为突破口，以提高推荐精确性、新颖性和多样性作为目标。可是，PRS 中推荐解释的参照性对用户采纳意愿有何影响以及影响路径如何？现有研究并未从管理学视角做出解答，这成为本书将要解决的第二个关键问题。

(3) 推荐解释的契合性对用户采纳意愿的影响过程

契合性是推荐解释呈现内容方面的另一个重要特征。以往关于推荐系统在管理学领域的研究，多数基于技术接受理论（TAM）构建信息采纳模型，探讨推荐系统的质量特性对用户采纳意愿的正向影响。然而，推荐系统就像一把“双刃剑”，在给用户带来积极影响的同时也有可能产生消极作用，如过度推荐、强制推荐以及其他推荐越界行为，会使用户产生心理抗拒，从而导致用户拒绝采纳推荐信息。依据此观点，可以推测推荐解释作为一种劝说信息，当其契合性程度偏低时，同样有可能引发用户的逆反心理，但目前关于这方面的研究还很缺乏。因此，揭示推荐解释的契合性通过心理抗拒影响用户采纳意愿的过程“黑箱”，是对现有推荐系统领域研究缺失的一种弥补，这也成为本书将要解决的第三个关键问题。

3.2 研究设计与方法

本书采取问卷调查与实验室实验相结合的研究方法进行假设检验。之所以结合这两种研究方法，是因为有些待测指标不适合通过问卷调查法采用量表直接测量，而实验法可以很好地解决此问题。本章所提研究设计主要是指问卷调查法中的量表及问卷设计，3 个研究对应的实验设计将在第 4、5、6 章中详细论述。问卷调查法与实验法各有所长，二者结合可以取长补短，并且能够实现交叉验证。由于本书的大部分变量的测量是通过问卷调查法采用量表工具实现的，因此量表选取、问卷设计与施测过程将决定所获样本数据的质量和可靠性。本节重点探讨量表选取与问卷设计，下节主要针对问卷的施测过程进行详细讨论。

3.2.1 测量量表的选取

1. 参照性的测量

本书采用 Gefen 等[305]（2004）针对网购情境所开发的参照性量表，该量表以 Burnkrant & Unnava[306]（1995）的参照性量表为来源，借助参考点转移方法调整测量题项的表述方式，人称代词由“用户”改为了“我”或“人们”。该量表共 8 个测量题项，前 4 个题项测量自我参照，后 4 个题项测量社会参照，以李克特（Likert）① 七级量表进行测量，从 1（完全不同意）到 7（完全同意），具体测量题项如表 3.2 所示。

表 3.2　参照性量表

维度	编码	题项内容	题项来源
自我参照	REF1	推荐系统所推荐的项目与我个人偏好相关	Burkrant & Unnava (1995)；Gefen & Straub (2004)
	REF2	会根据自己过去的经历采用来自推荐系统所提供的推荐项目	
	REF3	相信推荐系统所提供的推荐项目能反映我的需求	
	REF4	认为推荐系统所提供的推荐项目好像从我心中产生	
社会参照	REF5	推荐系统给人们带来一种身临其境的感觉	
	REF6	推荐系统给人们带来一种温暖亲切的感觉	
	REF7	推荐系统给人们带来一种活灵活现的感觉	
	REF8	推荐系统给人们带来一种个性化定制的感觉	

① 李克特（Likert）七级量表情况复义。

2. **系统用户体验的测量**

本书参考 Hassenzahl[307]（2006）所编制的包括感知有用性和感知易用性的系统用户体验量表，在问卷设计访谈的基础上，对 Hassenzahl（2006）的系统用户体验量表进行适当改编和语义调整，形成符合本书工作需要的系统用户体验量表。该量表共 8 个测量题项，前 4 个题项测量感知有用性，后 4 个题项测量感知易用性，以李克特（Likert）七级量表进行测量，从 1（完全不同意）到 7（完全同意），具体测量题项如表 3.3 所示。

表 3.3 系统用户体验量表

维度	编码	题项内容	题项来源
感知有用性	SUE1	推荐系统能够让人更快地完成购物	Hassenzahl（2006）
	SUE2	推荐系统能够帮人找到合适的商品	
	SUE3	推荐系统的实用性非常强	
	SUE4	推荐系统能够让网购变得简单	
感知易用性	SUE5	推荐系统的灵活运用是一件很容易的事情	
	SUE6	推荐系统的使用几乎不需要经过学习	
	SUE7	推荐系统能够帮我轻松地完成购物	
	SUE8	推荐系统的服务非常容易让人理解	

3. **信息质量感知的测量**

本书参考 DeLone & McLean[285]（2003）和 Gharib 等[308]（2016）所编制的包括感知精确性和感知新颖性的信息质量感知量表，通过文献调研与专家访谈，对 Gharib 等（2016）的信息质量感知量表做出语义调整，形成满足本测量工作需要的信息质量感知量表。该量表共 8 个测量题项，前 4 个题项测量感知精确性，后 4 个题项测量感知新颖性，以李克特（Likert）七级量表进行测量，从 1（完全不同意）到 7（完全同意），具体测量题项如表 3.4 所示。

表 3.4 信息质量感知量表

维度	编码	题项内容	题项来源
感知精确性	PIQ1	推荐系统所推荐的商品与兴趣相符	DeLone & McLean (2003); Gharib et. al (2016)
	PIQ2	推荐系统是我选择商品时好的决策帮手	
	PIQ3	推荐系统能提供我所需要的推荐结果	
	PIQ4	推荐系统能提供适合我的商品	
感知新颖性	PIQ5	推荐系统所推荐的信息总是及时更新	
	PIQ6	推荐系统能提供与我偏好相符的新的商品	
	PIQ7	推荐系统能提供我所中意的新商品	
	PIQ8	推荐系统能满足我的好奇心	

4. **心理抗拒的测量**

本书借鉴 Edwards 等[309]（2002）所编制的包括强迫性感受和操纵意图推断的心理抗拒量表，通过文献调研与专家访谈，对 Edwards 等（2002）的信息质量感知量表做出语义调整和适当改编，形成满足本测量工作需要的心理抗拒量表。该量表共 10 个测量题项，前 5 个题项测量强迫性感受，后 5 个题项测量操纵意图推断，以李克特（Likert）七级量表进行测量，从 1（完全不同意）到 7（完全同意），具体测量题项如表 3.5 所示。

表 3.5 心理抗拒量表

维度	编码	题项内容	题项来源
强迫性感受	PR1	我认为推荐系统向我展示的信息是强迫我接受的	Edwards et. al (2002)
	PR2	我认为该推荐信息使我不能集中注意力处理其他信息	
	PR3	该推荐信息不请自来使我联想到强制购买行为	
	PR4	该推荐信息会诱导我放弃最合适的决策方案	
	PR5	该推荐信息会对我做决策时造成干扰	
操纵意图推断	PR6	我认为该推荐信息在试图影响我的购买决策	
	PR7	我认为该推荐信息在试图操纵我的购买行为	
	PR8	我认为信息推送者是为了达到其自身的目的，而不是帮助我做出最优决策	
	PR9	我认为该推荐信息试图说服我来达到其自身营销的目的，这令我感到厌烦	
	PR10	我认为推荐信息试图说服我改变既定主意，有时令我感到无所适从	

5. **满意度的测量**

本书采用 Choi 等[84]（2017）参照 Dawes 等[310]（1998）的做法，选取 Ives 等[311]（1983）满意度量表中 6 个因子载荷最高的项目作为测量题项的量表。该量表共包含 6 个测量题项，以李克特（Likert）七级量表进行测量，从 1（完全不同意）到 7（完全同意），具体测量题项如表 3.6 所示。

表 3.6　满意度量表

维度	编码	题项内容	题项来源
满意度	SAT1	该推荐系统是我所使用过的最好的系统之一	Ives et. al (1983)
	SAT2	我所使用的推荐系统与我预期的一样好	
	SAT3	推荐系统所提供的服务没有让我失望	
	SAT4	我选择使用该推荐系统是一个明智之举	
	SAT5	该推荐系统恰好能提供我所需要的商品	
	SAT6	我对通过使用推荐系统所做的决策感到满意	

6. **信任度的测量**

本书采用喻昕[299]（2017）参照 McKnight 等[226]（2002）、Gefen[305]（2004）等多位学者开发的测量信任度的量表，结合中国学者王全胜等[312]（2009）对该量表的修订情况，设计了 5 个测量题项。以李克特（Likert）七级量表进行测量，从 1（完全不同意）到 7（完全同意），具体测量题项如表 3.7 所示。

表 3.7　信任度量表

维度	编码	题项内容	题项来源
信任度	TRU1	我相信推荐系统呈现的信息是真实的	McKnight et. al (2000)；Gefen & Straub (2004)
	TRU2	我相信推荐系统呈现的信息是可靠的	
	TRU3	我相信推荐系统呈现的信息是有用的	
	TRU4	我认为推荐系统推荐的商品是完全可信的	
	TRU5	我觉得推荐系统就像是我的认知助手	

7. **涉入度的测量**

本书参考 Kapferer 等[313]（1985）和 Zaichkowsky[314]（1994）所编制的涉入度量表，共 4 个测量题项，以李克特（Likert）七级量表进行测量，从 1（完全不同意）到 7（完全同意），具体测量题项如表 3.8 所示。

表 3.8　涉入度量表

维度	编码	题项内容	题项来源
涉入度	INV1	该产品对我而言是非常重要的	Kapferer et. al（1985）；Zaichkowsky（1994）
	INV2	我购买该类产品前会咨询其他人的意见	
	INV3	购买该类产品前，我会收集相关信息	
	INV4	购买该类产品时，我会感到非常大的乐趣	

8. **采纳意愿的测量**

本书采用 Cheung 等[254]（2012）和 Shen 等[315]（2013）的量表，他们所设计的测量题项以 Pavlou 和 Fygenson[316]（2006）的采纳意愿量表为基础，共 4 个测量题项，以李克特（Likert）七级量表进行测量，从 1（完全不同意）到 7（完全同意），具体测量题项如表 3.9 所示。

表 3.9　采纳意愿量表

维度	编码	题项内容	题项来源
采纳意愿	IA1	我愿意浏览推荐系统所提供的商品信息	Pavlou & Fygenson（2006）
	IA2	我打算购买推荐系统所推荐的商品	
	IA3	我认为通过推荐系统购买推荐的商品是实用的	
	IA4	我很可能会通过推荐系统购买商品	

3.2.2　问卷设计的方法

在社会科学研究中，学者们经常通过问卷调查的方式来采集数据，管理学领域同样如此。调查问卷的设计应遵从科学性和易操作性的原则而进行，在上一节中，对理论模型所涉及主要变量的初始问卷题项进行了设计，下面将对本书调查问卷的总体设计过程进行阐述。

1. **问卷构成**

依据 Ongena 和 Dijkstra[317]（2010）提出的对调查问卷中题项顺序安排的建议，本调查问卷将采用先简单后复杂再简单的策略进行设计，即先设置直观易懂的问题，让答卷人能轻易进入答问状态，后设置问卷主体部分，最后设置受试者相关个人背景问题。本书的问卷正文，包括总体介绍、筛选题项、问卷主体和背景题项 4 个部分：

（1）总体介绍

总体介绍中对本次问卷调查的基本事项进行概括性陈述，包括该问卷调查的目的、作答注意事项、隐私申明、作答需要的时间等。本部分应着重说清楚两个事项：一是请求答卷人务必认真作答，提示“问卷中的答案不存在正确与错误的问题，客观作答对本调查的质量十分关键”；二是向答卷人的隐私问题做出承诺，提示“您无需在作答时表明身份，请放心作答”。

（2）筛选题项与情景设置

本书调查问卷的目标群体为我国网络购物群体，主要涵盖传统电商购物平台和支付宝、微信购物平台。由于我国网络购物发展迅速，网民类型复杂多样，为了确定目标样本范围、保证调查问卷的信度，首先，本部分设置了一个用作筛选用途的问题和一个用于情景设置的问题。然后，借鉴许多学者采用的“回忆（Recall）”方式从被调查者处采集数据，采用对问卷调查进行情景设计的办法来启发被调查者快速、准确地回答问题。筛选题回答完毕，正式开始主体问卷的作答，但若筛选题回答不正确，则无须继续作答。

（3）问卷主体

本书调查问卷的主体部分采用 56 个测量题项来完成对 8 个主要变量的测量，参照本书的理论模型，问卷主体所对应的量表按照从前因变量到结果变量的先后依次排列，将测量同一变量的测度项放置在一起。例如，第一个变量为参照性（REF），测量该变量的题项有 8 个，编码依次为：REF1、REF2、…、REF8，而该变量包含自我参照和社会参照两个维度，设置前 4 个题项（REF1、REF2、REF3、REF4）用来测量自我参照，后 4 个是一项（REF5、REF6、REF7、REF8）用来测量社会参照。

（4）背景题项

背景题项部分主要调查受试者的人口统计学特征，这部分内容比较容易作答。虽然此部分所有问题都易回答，但由于这些问题有可能涉及个人具体信息（如性别、职业、年龄等身份信息），容易引发个别敏感者的反感。为了防止受试者由此而放弃作答，或敷衍回答导致产生比较明显的偏差，根据 Ongena 和 Dijkstra（2010）的建议，把这些背景题项放在问卷的最后。同时，对于年龄、收入等的测量，采用“分段”的方式提问。

2. **问卷开发的流程**

本书的问卷开发按照如下流程进行：

(1) 界定清楚理论模型中各个待测变量的概念，并对各变量进行操作化定义。在完成文献回顾及归纳总结的前提下，对8个研究变量的定义进行明确界定，为每个变量设计合适的测量量表做出铺垫。

(2) 基于对前人研究成果的梳理，设计出恰当的变量测量工具。在对国内外相关文献进行细致调查的基础上，找到能与本书变量相匹配的量表，并参照各变量的概念内涵、对应量表在过去测试中的信效度以及出现频率，设计出有针对性的量表。对于在中国情境下使用不多或有待验证的量表（比如参照性、心理抗拒），在现有量表基础上，结合问卷设计前的访谈进行具有针对性的修订，以确保测量工具的信度和效度达到规定的要求。

(3) 设计调查问卷。为了尽量避免出现共同方法偏差，在问卷设计中将被预测变量和预测变量在位置上做出适当的处理，并且，针对每一份问卷给出事先准备好的提示语，有助于答卷者明晰各问项的确切含义。

(4) 编写问卷封面指导语和问卷施测说明函。在问卷封面指导语中扼要说明本调查问卷的用途和作答要点，尤其强调本问卷采用匿名方式作答，仅供学术研究之用，完全保护作答者的隐私。这样有助于受试者解除顾虑，实事求是地回答问题。

(6) 问卷设计访谈、小组研讨与问卷调整。为了使得此次设计的问卷题项具备科学性和系统性，采用小组讨论、专家访谈等方式对问卷进行论证。参照论证的相关结论对问卷进行调整，删去冗余题项，修改不合理甚至有歧义的题项，直到各测量项全部取得问卷设计组成人员的认可。

(7) 问卷测试。采用随机抽样方式选择不同职业的200名以上受试者作为问卷的发放对象，通过预分析对本调查问卷所涉及相关量表进行区分度分析，并对照分析结果认真细致地修改问卷题项。在此基础上，对调整后的量表信效度进行再验证，以确保最终测量结果的准确和有效性。

3.3 问卷结构与施测过程

3.3.1 问卷结构

基于前面探讨的问卷开发流程，最终确定的正式调查问卷共包含 53 个题项，以实现对 8 个变量的测量，表 3.10 展示了问卷中各变量的测量题项。

表 3.10 研究变量及相应问卷测量题项

变量	编码	测量题项
参照性（REF）	REF1	推荐系统所推荐的项目与我个人偏好相关
	REF2	我会根据自己过去的经历采用来自推荐系统所提供的推荐项目
	REF3	我相信推荐系统所提供的推荐项目能反映我的需求
	REF4	我认为推荐系统所提供的推荐项目好像从我心中产生
	REF5	推荐系统给人们带来一种身临其境的感觉
	REF6	推荐系统给人们带来一种温暖亲切的感觉
	REF7	推荐系统给人们带来一种活灵活现的感觉
	REF8	推荐系统给人们带来一种个性化定制的感觉
系统用户体验（SUE）	SUE1	推荐系统能够让我更快地完成购物
	SUE2	推荐系统能够帮我找到合适的商品
	SUE3	推荐系统的实用性非常强
	SUE4	推荐系统能够让网购变得简单
	SUE5	推荐系统的灵活运用是一件很容易的事情
	SUE6	推荐系统的使用几乎不需要经过学习
	SUE7	推荐系统能够帮我轻松地完成购物
	SUE8	推荐系统的服务非常容易让人理解
信息质量感知（PIQ）	PIQ1	推荐系统所推荐的商品与我的兴趣相符
	PIQ2	推荐系统是我选择商品时的一个好的决策帮手
	PIQ3	推荐系统能提供我所需要的推荐结果
	PIQ4	推荐系统能提供适合我的商品
	PIQ5	推荐系统所推荐的信息总是及时更新
	PIQ6	推荐系统能提供与我偏好相符的新的商品
	PIQ7	推荐系统能提供我所中意的新商品
	PIQ8	推荐系统能满足我的好奇心

续表

变量	编码	测量题项
心理抗拒（PR）	PR1	我认为推荐系统向我展示的信息是强迫我接受的
	PR2	我认为该推荐信息使我不能集中注意力处理其他信息
	PR3	该推荐信息不请自来使我联想到强制购买行为
	PR4	该推荐信息会诱导我放弃最合适的决策方案
	PR5	该推荐信息会对我做决策时造成干扰
	PR6	我认为该推荐信息在试图影响我的购买决策
	PR7	我认为该推荐信息在试图操纵我的购买行为
	PR8	我认为信息推送者是为了达到其自身的目的，而不是帮助我做出最优决策
	PR9	我认为该推荐信息试图说服我来达到其自身营销的目的，这令我感到厌烦
	PR10	我认为推荐信息试图说服我改变既定主意，有时令我感到无所适从
满意度（SAT）	SAT1	该推荐系统是我所使用过的最好的系统之一
	SAT2	我所使用的推荐系统与我预期的一样好
	SAT3	推荐系统所提供的服务没有让我失望
	SAT4	我选择使用该推荐系统是一个明智之举
	SAT5	该推荐系统恰好能提供我所需要的商品
	SAT6	我对通过使用推荐系统所做的决策感到满意
信任度（TRU）	TRU1	我相信推荐系统呈现的信息是真实的
	TRU2	我相信推荐系统呈现的信息是可靠的
	TRU3	我相信推荐系统呈现的信息是有用的
	TRU4	我认为推荐系统推荐的商品是完全可信的
	TRU5	我觉得推荐系统就像是我的认知助手
涉入度（INV）	INV1	该产品对我而言是非常重要的
	INV2	我购买该类产品前会咨询其他人的意见
	INV3	购买该类产品前，我会收集相关信息
	INV4	购买该类产品时，我会感到非常大的乐趣
采纳意愿（IA）	IA1	我愿意浏览推荐系统所提供的商品信息
	IA2	我打算购买推荐系统所推荐的商品
	IA3	我认为通过推荐系统购买推荐的商品是实用的
	IA4	我很可能会通过推荐系统购买商品

3.3.2 施测过程

1. **样本概况**

本书的施测对象主要是在校大学生、研究生和中青年上班族，因为这类人群是网购的主要力量，他们有丰富的网购经验，熟悉各大购物平台。问卷调查对象确定网购用户为目标群体，不考虑6个月内未在网上购买过商品的受试者的答卷结果，通过设置筛选题项，将未满足条件的问卷进行排除。

在施测阶段，问卷通过网络发放和现场发放两种方式展开。现场问卷发放主要通过两个途径完成相关工作任务：一是针对在校大学生调查，委托3位教师对南方3所高校的在读学生进行问卷发放；二是针对社会人员调查，先电话联系然后上门拜访，以面对面的形式对相关职业人士进行问卷调查。问卷无论是网络发放还是现场发放，均给予一定的物质奖励。共发放问卷560份，调查历时3周（从2021年7月13日至8月3日），收回有效问卷458份，问卷回收率达到81.7%。样本如表3.11所示。

表3.11 样本相关统计信息

样本特征	分类	样本数量	百分比
性别	○男	201	43.89%
	○女	257	56.11%
年龄	○20岁及以下	14	3.06%
	○21～30岁	264	57.64%
	○31～40岁	105	22.93%
	○41～50岁	63	13.75%
	○51岁及以上	12	2.62%
教育程度	○初中及以下	3	0.66%
	○高中/中专/技校	26	5.68%
	○专科	87	19.00%
	○本科	233	50.86%
	○硕士及以上	109	23.80%

续表

样本特征	分类	样本数量	百分比
职业	○在校学生	94	20.52%
	○市场/公关人员	22	4.80%
	○生产人员	17	3.71%
	○销售人员	28	6.11%
	○客服人员	24	5.24%
	○管理人员	24	5.24%
	○文职/办事人员	50	10.92%
	○财务/审计人员	24	5.24%
	○技术/研发人员	35	7.64%
	○培训人员	14	3.06%
	○行政/后勤人员	29	6.33%
	○顾问/咨询人员	1	0.22%
	○教师	30	6.55%
	○其他专业人士（如医师、建筑师、律师、会计师、精算师等）	23	5.03%
	○其他	43	9.39%
收入	○1 000 元以下	18	3.93%
	○1 000～2 000 元	76	16.59%
	○2 001～3 000 元	93	20.31%
	○3 001～5 000 元	115	25.11%
	○5 000～8 000 元	106	23.14%
	○8 000 元以上	50	10.92%
从第一次网购到现在的时间	○1 年以下	64	13.97%
	○1～3 年	151	32.97%
	○4～6 年	154	33.63%
	○7～9 年	77	16.81%
	○10 年以上	12	2.62%
过去 6 个月里网购次数	○1～2 次	45	9.83%
	○3～5 次	140	30.57%
	○6～10 次	133	29.03%
	○10 次以上	140	30.57%

2. 样本数据的描述性统计分析

通过对初始问卷的开发，在施测过程中始终遵从科学的实证方法，对数据依次进行描述性统计分析、区分度分析、探索性因子分析的方法进行预检验。通过对各量表项目对应数据的均值、标准差、偏度和峰度进行计算，分析数据的集中趋势、离散程度和分布形态，相关数据如表 3.12 所示，由表中的数据不难看出，样本数据大体满足正态分布，基本符合统计分析的要求。

表 3.12　样本数据的描述性统计分析结果

问项	均值	标准差	偏度	峰度
REF1	3.78	0.725	−0.393	0.677
REF2	3.62	0.812	−0.475	0.749
REF3	3.76	0.769	−0.628	0.818
REF4	3.61	0.794	−0.243	−0.025
REF5	3.36	0.821	−0.404	0.322
REF6	3.39	0.838	−0.211	0.025
REF7	3.50	0.755	−0.344	0.646
REF8	3.45	0.787	−0.423	0.331
SUE1	4.12	0.686	−0.388	0.783
SUE2	3.98	0.671	−0.067	−0.266
SUE3	3.86	0.689	−0.458	0.936
SUE4	3.82	0.757	−0.346	0.476
SUE5	3.68	0.864	−0.214	0.052
SUE6	3.89	0.882	−0.429	0.145
SUE7	3.57	0.815	−0.218	−0.188
SUE8	3.68	0.823	−0.426	0.047
PIQ1	4.13	0.687	−3.389	0.784
PIQ2	3.86	0.661	−0.055	−0.256
PIQ3	3.91	0.677	−0.446	0.926
PIQ4	3.72	0.745	−0.336	0.466
PIQ5	3.35	0.822	−0.212	0.323
PIQ6	3.38	0.837	−0.345	0.026

续表

问项	均值	标准差	偏度	峰度
PIQ7	3.51	0.756	−0.424	0.647
PIQ8	3.46	0.786	−0.292	0.332
PR1	3.68	0.854	−0.426	−0.076
PR2	3.98	0.775	−1.179	3.183
PR3	4.89	0.626	−0.517	1.893
PR4	4.13	0.687	−0.389	0.783
PR5	3.97	0.672	−0.067	−0.269
PR6	3.82	0.688	−0.457	0.926
PR7	3.83	0.756	−0.347	0.476
PR8	3.79	0.883	−0.619	0.367
PR9	3.58	0.898	−0.326	−0.258
PR10	3.42	0.863	−0.052	−0.047
SAT1	3.94	0.653	−1.387	4.551
SAT2	3.78	0.685	−0.973	2.433
SAT3	3.83	0.679	−1.283	4.381
SAT4	3.95	0.668	−0.877	2.362
SAT5	3.97	0.667	−0.488	1.575
SAT6	3.98	0.733	−0.495	0.957
TRU1	3.67	0.865	−0.215	0.044
TRU2	3.77	0.872	−0.417	0.135
TRU3	3.76	0.816	0.217	−0.189
TRU5	3.69	0.824	−0.418	0.046
INV1	4.17	0.796	−0.583	0.265
INV2	4.21	0.815	−0.768	0.686
INV3	4.15	0.785	−0.631	0.316
INV4	4.23	0.772	−0.478	−0.379
IA1	4.16	0.797	−0.584	0.266
IA2	4.22	0.816	−0.767	0.686
IA3	4.16	0.784	−0.632	0.324
IA4	4.25	0.773	−0.478	−0.379

3.4 问卷量表项目的预检验与修订

3.4.1 量表项目预检验的方法

区分度分析需要两个过程：一是建立有效的判别准则，并实现对个体分类；二是检验、判断其分类的合理性。对于测量工具的评估，本书采用区分度分析、探索性因子分析的方法进行预检验。

1. 区分度分析

本书采用皮尔逊检验、同质性检验对量表项目进行区分度分析。皮尔逊检验通过计算出项目与总分的相关系数（*CITI*）值作为题项保留与否的依据，若 *CITI* 值越大，意味着该项目与整体量表的同质性越高。若 *CITI* 值未达到显著水平，即 $CITI<0.4$，意味着项目与整体量表的同质性不高，则可以考虑将该量表项目删除。参照吴明隆[318]（2010）提出的判断标准，本书以项目与总分相关系数 $CITI\geqslant 0.4$ 作为项目保留与否的依据。

同质性检验之一为信度分析。信度（Reliability）即可靠性，它指的是采取同样的方法对同一对象重复进行测量时，其所得结果相一致的程度。在李克特（Likert）七级量表中，信度检验大多通过内部一致性系数（Cronbach's α 系数）来实现，Cronbach's α 系数值为 0.7 是一个偏低但能被接受的量表临界值。信度检验是观察题目删除后整个量表的 Cronbach's α 系数异动，若删除题目后的量表整体 Cronbach's α 系数比原来的 Cronbach's α 系数高得多，则认定该题目与其他题目的同质性不高，应予以删除。

同质性检验之二为共同度与因子载荷检验。共同度是指量表各题目能解释共同属性或特征的变异量，共同度越低，表示题目与量表的同质性越少，应予以删除。因子载荷是指题目与公共因子的相关程度，题目所反应公共因子的因子载荷值越高，意味着题目与公共因子（总量表）的相关程度越高，即同质性越高；反之同质性越低。参照吴明隆（2010）给出的标准，本书以共同度$\geqslant$0.2、因子载荷$\geqslant$0.45 作为题项筛选依据。

2. 探索性因子分析

探索性因子分析（EFA）是一种信息浓缩的分析方法，它的基本目的就是用少数几个因子去描述许多指标或因素之间的联系，探索分析项应该分成几个因子。量表是否适合作探索性因子分析可以通过 KMO 检验与 Bartlett 球形检验这两个操作来判断。Kaiser[319]（1974）指出，KMO 值在 0.9 以上表示非常适合作探索性因子分析；0.8 表示适合；0.7 表示一般；0.6 表示不太适合；0.5 以下表示极不适合；同时，Bartlett 球形检验应满足显著水平 $p<0.05$ 的要求。

3.4.2　量表项目预检验的区分度分析

1. 参照性的区分度分析

首先，对参照性（REF）量表作区分度分析，通过求和 8 个问项的分值得到 REF 总分，再采用皮尔逊检验对 REF 总分与 REF 各项目的分值进行相关分析，所有问项与总分相关系数 *CITI* 值在 0.668 到 0.848 之间（>0.4），且满足显著水平（$p<0.001$），达到判别标准。

然后，对参照性（REF）量表作信度分析，整个量表的 Cronbach's α 系数为 0.855（>0.8），所有问项的项已删除的 α 值在 0.776 和 0.845 之间（>0.5），都没有超出量表的 Cronbach's α 系数 0.855，所有问项的校正问项与部分相关系数在 0.515 与 0.753 之间（>0.4），达到判别标准。

表 3.13　参照性量表的问项分析结果（样本量 $n=458$）

问项	问项与总分相关			同质性检验		未达标准指标数	结论
	问项与总分相关系数	校正问项与部分相关	项已删除的 α 值	共同度	因子载荷		
REF1	0.848***	0.753	0.776	0.726	0.856	0	不删除
REF2	0.778***	0.685	0.813	0.645	0.786	0	不删除
REF3	0.675***	0.538	0.841	0.461	0.682	0	不删除
REF4	0.765***	0.675	0.815	0.621	0.772	0	不删除
REF5	0.657***	0.515	0.845	0.425	0.656	0	不删除
REF6	0.744***	0.582	0.828	0.536	0.735	0	不删除
REF7	0.668***	0.529	0.836	0.450	0.671	0	不删除
REF8	0.744***	0.581	0.829	0.537	0.736	0	不删除
判别标准	≥0.400	≥0.400	≤0.855	≥0.200	≥0.450	—	—

注：0.855 为 REF 量表的内部一致性 Cronbach's α 系数；*** $p<0.001$。

最后，对参照性（REF）量表作因子分析，限定抽取 1 个公共因子，所有问项的共同度在 0.425 和 0.726 之间（>0.2），因子载荷在 0.656 和 0.856 之间（>0.45），达到判别标准。

综上所述，参照性（REF）量表 8 个问项的区分度良好，所有指标均达到判别标准，因而予以全部保留。参照性（REF）量表的区分度分析结果汇总如表 3.13 所示。

2. **系统用户体验的区分度分析**

首先，对系统用户体验（SUE）量表进行相关分析，通过求和 8 个问项的分值得到 SUE 总分，再采用皮尔逊检验对 SUE 总分与 SUE 各问项的分值进行相关分析，所有问项与总分相关系数 *CITI* 值在 0.787 和 0.857 之间（>0.4），且满意显著水平（$p<0.001$），达到判别标准。

然后，对系统用户体验（SUE）量表作信度分析，整个量表的 Cronbach's α 系数为 0.887（>0.8），所有问项的项已删除的 α 值在 0.753 和 0.877 之间（>0.5），都没有超出量表的 Cronbach's α 系数 0.887，所有问项的校正问项与部分相关系数在 0.775 与 0.836 之间（>0.4），达到判别标准。

表 3.14　系统用户体验量表的问项分析结果（样本量 $n=458$）

问项	问项与总分相关			同质性检验		未达标准指标数	结论
	问项与总分相关系数	校正问项与部分相关	项已删除的 α 值	共同度	因子载荷		
SUE1	0.832***	0.783	0.875	0.682	0.828	0	不删除
SUE2	0.787***	0.775	0.753	0.642	0.786	0	不删除
SUE3	0.857***	0.836	0.876	0.732	0.858	0	不删除
SUE4	0.841***	0.814	0.875	0.678	0.842	0	不删除
SUE5	0.838***	0.811	0.871	0.697	0.893	0	不删除
SUE6	0.840***	0.827	0.875	0.710	0.853	0	不删除
SUE7	0.834***	0.788	0.871	0.692	0.836	0	不删除
SUE8	0.835***	0.787	0.877	0.691	0.841	0	不删除
判别标准	≥0.400	≥0.400	≤0.887	≥0.200	≥0.450	—	—

注：0.887 为 SUE 量表的内部一致性 Cronbach's α 系数；*** $p<0.001$。

最后，对系统用户体验（SUE）量表作因子分析，限定抽取 1 个公共因子，所有问项的共同度在 0.642 和 0.732 之间（>0.2），因子载荷在 0.786 和 0.893

之间（>0.45），达到判别标准。

综上所述，系统用户体验（SUE）量表 8 个问项的区分度良好，所有指标均达到判别标准，予以全部保留。系统用户体验（SUE）量表的区分度分析结果汇总如表 3.14 所示。

3. **信息质量感知的区分度分析**

首先，对信息质量感知（PIQ）量表进行相关分析，通过求和 8 个问项的分值得到 PIQ 总分，再采用皮尔逊检验对 PIQ 总分与 PIQ 各问项的分值进行相关分析，所有问项与总分相关系数 *CITI* 值在 0.745 和 0.849 之间（>0.4），且满足显著水平（$p<0.001$），达到判别标准。

其次，对信息质量感知（PIQ）量表作信度分析，整个量表的 Cronbach's α 系数为 0.882（>0.8），所有问项的项已删除的 α 值在 0.775 和 0.875 之间（>0.5），都没有超出量表的 Cronbach's α 系数 0.877，所有问项的校正问项与部分相关系数在 0.708 与 0.836 之间（>0.4），达到判别标准。

最后，对信息质量感知（PIQ）量表作因子分析，限定抽取 1 个公共因子，所有问项的共同度在 0.551 和 0.732 之间（>0.2），因子载荷在 0.742 和 0.857 之间（>0.45），达到判别标准。

表 3.15　信息质量感知量表的问项分析结果（样本量 $n=458$）

问项	问项与总分相关			同质性检验		未达标准指标数	结论
	问项与总分相关系数	校正问项与部分相关	项已删除的 α 值	共同度	因子载荷		
PIQ1	0.824***	0.783	0.873	0.653	0.812	0	不删除
PIQ2	0.820***	0.789	0.775	0.668	0.828	0	不删除
PIQ3	0.789***	0.772	0.873	0.732	0.789	0	不删除
PIQ4	0.745***	0.708	0.864	0.626	0.742	0	不删除
PIQ5	0.823***	0.796	0.863	0.551	0.823	0	不删除
PIQ6	0.849***	0.836	0.873	0.732	0.857	0	不删除
PIQ7	0.841***	0.815	0.875	0.683	0.843	0	不删除
PIQ8	0.788***	0.773	0.871	0.642	0.786	0	不删除
判别标准	≥0.400	≥0.400	≤0.877	≥0.200	≥0.450	—	—

注：0.882 为 PIQ 量表的内部一致性 Cronbach's α 系数；*** $p<0.001$。

综上所述，信息质量感知（PIQ）量表8个问项的区分度良好，所有指标均达到判别标准，予以全部保留。信息质量感知（PIQ）量表的区分度分析结果汇总如表3.15所示。

4. **心理抗拒的区分度分析**

首先，对心理抗拒（PR）量表进行相关分析，通过求和10个问项的分值得到PR总分，再采用皮尔逊检验对PR总分与PR各问项的分值进行相关分析，所有问项与总分相关系数 *CITI* 值在0.675和0.828之间（>0.4），且满足显著水平（$p<0.001$），达到判别标准。

然后，对心理抗拒（PR）量表作信度分析，整个量表的Cronbach's α 系数为0.920（>0.8），所有问项的项已删除的 α 值在0.895和0.915之间（>0.5），都没有超出量表的Cronbach's α 系数0.920，所有问项的校正问项与部分相关系数在0.592与0.757之间（>0.4），达到判别标准。

最后，对心理抗拒（PR）量表作因子分析，限定抽取1个公共因子，所有问项的共同度在0.434和0.715之间（>0.2），因子载荷在0.657和0.848之间（>0.45），达到判别标准。

表3.16　心理抗拒量表的问项分析结果（样本量 $n=458$）

问项	问项与总分相关			同质性检验		未达标准指标数	结论
	问项与总分相关系数	校正问项与部分相关	项已删除的 α 值	共同度	因子载荷		
PR1	0.788***	0.685	0.913	0.614	0.786	0	不删除
PR2	0.828***	0.757	0.915	0.715	0.848	0	不删除
PR3	0.786***	0.735	0.914	0.682	0.828	0	不删除
PR4	0.814***	0.742	0.912	0.668	0.834	0	不删除
PR5	0.786***	0.732	0.915	0.673	0.824	0	不删除
PR6	0.682***	0.613	0.911	0.463	0.664	0	不删除
PR7	0.675***	0.592	0.895	0.434	0.657	0	不删除
PR8	0.741***	0.656	0.896	0.505	0.712	0	不删除
PR9	0.701***	0.608	0.896	0.445	0.667	0	不删除
PR10	0.705***	0.625	0.896	0.468	0.683	0	不删除
判别标准	≥0.400	≥0.400	≤0.920	≥0.200	≥0.450	—	—

注：0.920为PR量表的内部一致性Cronbach's α 系数；*** $p<0.001$。

综上所述，心理抗拒（PR）量表 10 个问项的区分度良好，所有指标均达到判别标准，予以全部保留。心理抗拒（PR）量表的区分度分析结果汇总如表 3.16 所示。

5. **满意度的区分度分析**

首先，对满意度（SAT）量表进行相关分析，通过求和 6 个问项的分值得到 SAT 总分，再采用皮尔逊检验对 SAT 总分与 SAT 各问项的分值进行相关分析，所有问项与总分相关系数 *CITI* 值在 0.792 和 0.842 之间（>0.4），且满足显著水平（$p<0.001$），达到判别标准。

然后，对满意度（SAT）量表作信度分析，整个量表的 Cronbach's α 系数为 0.891（>0.8），所有问项的项已删除的 α 值在 0.875 和 0.887 之间（>0.5），都没有超出量表的 Cronbach's α 系数 0.891，所有问项的校正问项与部分相关系数在 0.605 与 0.743 之间（>0.4），达到判别标准。

最后，对满意度（SAT）量表作因子分析，限定抽取 1 个公共因子，所有问项的共同度在 0.596 到 0.715 之间（>0.2），因子载荷在 0.774 和 0.828 之间（>0.45），达到判别标准。

综上所述，满意度（SAT）量表 6 个问项的判别度良好，所有指标均达到判别标准，予以全部保留。满意度（SAT）量表的区分度分析结果汇总如表 3.17 所示。

表 3.17　满意度量表的问项分析结果（样本量 $n=458$）

问项	问项与总分相关			同质性检验		未达标准指标数	结论
	问项与总分相关系数	校正问项与部分相关	项已删除的 α 值	共同度	因子载荷		
SAT1	0.831***	0.726	0.876	0.677	0.828	0	不删除
SAT2	0.842***	0.743	0.875	0.715	0.828	0	不删除
SAT3	0.819***	0.715	0.883	0.635	0.814	0	不删除
SAT4	0.819***	0.605	0.881	0.645	0.817	0	不删除
SAT5	0.793***	0.668	0.885	0.615	0.767	0	不删除
SAT6	0.792***	0.661	0.887	0.596	0.774	0	不删除
判别标准	≥0.400	≥0.400	≤0.891	≥0.200	≥0.450	—	—

注：0.891 为 SAT 量表的内部一致性 Cronbach's α 系数；*** $p<0.001$。

6. 信任度的区分度分析

首先，对信任度（TRU）量表进行相关分析，通过求和 4 个问项的分值得到 TRU 总分，再采用皮尔逊检验对 TRU 总分与 TRU 各问项的分值进行相关分析，所有问项与总分相关系数 *CITI* 值在 0.524 和 0.792 之间（>0.4），且满足显著水平（$p<0.001$），达到判别标准。

然后，对信任度（TRU）量表作信度分析，整个量表的 Cronbach's α 系数为 0.745（>0.7），所有问项的项已删除的 α 值在 0.657 和 0.756 之间（>0.5），除了问项 TRU4 外，其余问项都没有超出量表的 Cronbach's α 系数 0.745，除了问项 TRU4 外，其余问项的校正问项与部分相关系数在 0.515 与 0.617 之间。

最后，对信任度（TRU）量表进行因子分析，限定抽取 1 个公共因子，除了问项 TRU4 外，其余所有问项的共同度在 0.535 到 0.654 之间（>0.2），因子载荷在 0.715 和 0.814 之间（>0.45），达到判别标准。

综上所述，除了问项 TRU4 外，信任度（TRU）量表其余 4 个问项的区分度良好，达到判别标准，予以保留；问项 TRU4 共有 4 项指标未达到判别标准，予以删除。信任度（TRU）量表的区分度分析结果如表 3.18 所示。

表 3.18　信任度量表的问项分析结果（样本量 $n=458$）

问项	问项与总分相关			同质性检验		未达标准指标数	结论
	问项与总分相关系数	校正问项与部分相关	项已删除的 α 值	共同度	因子载荷		
TRU1	0.763***	0.537	0.676	0.547	0.729	0	不删除
TRU2	0.748***	0.539	0.668	0.527	0.785	0	不删除
TRU3	0.792***	0.617	0.657	0.654	0.814	0	不删除
TRU4	0.524***	0.295	0.756	0.185	0.431	0	删除
TRU5	0.724***	0.515	0.731	0.535	0.715	0	不删除
判别标准	≥0.400	≥0.400	≤0.745	≥0.200	≥0.450	—	—

注：0.745 为 TRU 量表的内部一致性 Cronbach's α 系数；*** $p<0.001$。

7. 涉入度的区分度分析

首先，对涉入度（INV）量表进行相关分析，通过求和 4 个问项的分值得到 INV 总分，再采用皮尔逊检验对 INV 总分与 INV 各问项的分值进行相关分析，所有问项与总分相关系数 *CITI* 值在 0.575 和 0.697 之间（>0.4），且满足显著水平（$p<0.001$），达到判别标准。

然后，针对涉入度（INV）量表进行信度分析，整个量表的 Cronbach's α 系数为 0.758（>0.7），所有问项的项已删除的 α 值在 0.704 和 0.736 之间（>0.5），都没有超出量表的 Cronbach's α 系数 0.758，所有问项的校正问项与部分相关系数在 0.415 与 0.534 之间（>0.4），达到判别标准。

最后，对涉入度（INV）量表作因子分析，限定抽取 1 个公共因子，所有问项的共同度均在 0.322 和 0.485 之间（>0.2），因子载荷在 0.567 和 0.713 之间（>0.45），达到判别标准。

综上所述，涉入度（INV）量表 4 个问项的区分度良好，所有指标均达到判别标准，予以全部保留。涉入度（INV）量表的区分度分析结果汇总如表 3.19 所示。

表 3.19　涉入度量表的问项分析结果（样本量 $n=458$）

问项	问项与总分相关			同质性检验		未达标准指标数	结论
	问项与总分相关系数	校正问项与部分相关	项已删除的 α 值	共同度	因子载荷		
INV1	0.697***	0.533	0.711	0.484	0.713	0	不删除
INV2	0.575***	0.415	0.736	0.322	0.567	0	不删除
INV3	0.695***	0.534	0.721	0.476	0.687	0	不删除
INV4	0.666***	0.515	0.704	0.485	0.696	0	不删除
判别标准	≥0.400	≥0.400	≤0.758	≥0.200	≥0.450	—	—

注：0.758 为 INV 量表的内部一致性 Cronbach's α 系数；*** $p<0.001$。

8. 采纳意愿的区分度分析

首先，对采纳意愿（IA）量表进行相关分析，通过求和 4 个问项的分值得到 IA 总分，再采用皮尔逊检验对 IA 总分与 IA 各问项的分值进行相关分析，所有问项与总分相关系数 *CITI* 值在 0.734 和 0.766 之间（>0.4），且满足显著水平（$p<0.001$），达到判别标准。

然后，针对采纳意愿（IA）量表进行信度分析，整个量表的 Cronbach's α 系数为 0.896（>0.8），所有问项的项已删除的 α 值在 0.871 和 0.876 之间（$>$

0.5)，都没有超出量表的 Cronbach's α 系数 0.896，所有问项的校正问项与部分相关系数在 0.638 与 0.687 之间（>0.4），达到判别标准。

最后，对采纳意愿（IA）量表作因子分析，限定抽取 1 个公共因子，所有问项的共同度在 0.528 到 0.621 之间（>0.2），因子载荷在 0.728 和 0.772 之间（>0.45），达到判别标准。

综上所述，采纳意愿（IA）量表 4 个问项的区分度良好，所有指标均达到判别标准，予以全部保留。采纳意愿（IA）量表的区分度分析结果汇总如表 3.20 所示。

表 3.20　采纳意愿量表的问项分析结果（样本量 $n=458$）

问项	问项与总分相关			同质性检验		未达标准指标数	结论
	问项与总分相关系数	校正问项与部分相关	项已删除的 α 值	共同度	因子载荷		
IA1	0.734***	0.638	0.876	0.528	0.728	0	不删除
IA2	0.762***	0.673	0.875	0.548	0.737	0	不删除
IA3	0.756***	0.682	0.873	0.586	0.764	0	不删除
IA4	0.766***	0.687	0.871	0.621	0.772	0	不删除
判别标准	≥0.400	≥0.400	≤0.896	≥0.200	≥0.450	—	—

注：0.896 为 IA 量表的内部一致性 Cronbach's α 系数；*** $p<0.001$。

3.4.3　量表项目预检验的探索性因子分析

本书引入的参照性、系统用户体验、信息质量感知、心理抗拒、信任度、满意度、涉入度和采纳意愿 8 个变量的测量量表，由网购用户作答并得出评分值。通过 KMO 和 Bartlett 球形检验得出各自的 KMO 值，若 Bartlett 球形检验的显著性水平 $p=0.000$（$p<0.001$），意味着适合作因子分析。采用主成分分析法提取特征值大于 1 的因子，结合方差最大化旋转对参照性做分析，数据分析结果表明，8 个变量各自的因子结构均具有良好的建构效度，具体变量对应数据如表 3.21 所示。

表 3.21　探索性因子分析结果（样本量 $n=458$）

变量		问项	因子 1	因子 2	解释变异量（%）	累积解释变异量（%）
参照性	自我参照	REF1	0.834	0.310	37.595%	67.013%
		REF2	0.822	0.293		
		REF3	0.811	0.314		
		REF4	0.780	0.334		
	社会参照	REF5	0.358	0.597	29.418%	
		REF6	0.243	0.818		
		REF7	0.173	0.835		
		REF8	0.372	0.634		
系统用户检验	感知有用性	SUE1	0.845	0.321	38.486%	68.793%
		SUE2	0.833	0.284		
		SUE3	0.822	0.325		
		SUE4	0.771	0.345		
	感知易用性	SUE5	0.357	0.586	30.307%	
		SUE6	0.254	0.827		
		SUE7	0.164	0.845		
		SUE8	0.363	0.645		
信息质量感知	感知精确性	PIQ1	0.870	0.332	39.597%	71.234%
		PIQ2	0.858	0.295		
		PIQ3	0.880	0.336		
		PIQ4	0.791	0.356		
	感知新颖性	PIQ5	0.469	0.681	31.637%	
		PIQ6	0.354	0.807		
		PIQ7	0.284	0.824		
		PIQ8	0.473	0.645		

续表

变量		问项	因子 1	因子 2	解释变异量（%）	累积解释变异量（%）
心理抗拒	强迫性感受	PR1	0.784	0.270	37.574%	76.972%
		PR2	0.833	0.309		
		PR3	0.821	0.292		
		PR4	0.810	0.313		
		PR5	0.799	0.333		
	操纵意图推断	PR6	0.883	0.589	39.398%	
		PR7	0.857	0.596		
		PR8	0.842	0.817		
		PR9	0.772	0.834		
		PR10	0.771	0.633		
满意度		SAT1	0.828		64.879%	
		SAT2	0.838			
		SAT3	0.802			
		SAT4	0.807			
		SAT5	0.777			
		SAT6	0.772			
信任度		TRU1	0.858		70.19%	
		TRU2	0.836			
		TRU3	0.868			
		TRU5	0.779			
涉入度		INV1	0.871		72.341%	
		INV2	0.859			
		INV3	0.881			
		INV4	0.792			
采纳意愿		IA1	0.865		69.064%	
		IA2	0.774			
		IA3	0.814			
		IA4	0.835			

3.5　问卷量表的信度与效度再检验

3.5.1　信度检验

除了满足内容结构部分中的概念定义和期望之外，一个好的量表应该能够准确、稳定地测量变量。可靠性用于评估测量结果的一致性、稳定性和可靠性，并能估计出测量误差对总体测试结果的影响，美国心理学会（American Psychological Association，1985）把信度定义为“测量结果免受误差影响的程度”。信度可以理解为真实分数在测验得分中的比例，测量中的随机误差越大，所得到的结果越不可靠、越缺乏信度。然而，一个构念的真实分数与具体测量中的误差都是没有办法直接测量的，因此我们无法直接计算一个量表的信度系数。最常用的方法是，针对李克特（Likert）式量表开发的 Cronbach's α（Cronbach，1951）。

采用多个指标对目标变量实施测量，将变量自身包含的共同变异和受试者个体差异引起的变异通过方差分析对测量结果进行区分度计算，从而估算出量表的信度系数，该信度系数可以表示为

$$\alpha = \frac{k}{k-1}[1 - \frac{\sum \sigma_i^2}{\sum \sigma_i^2 + 2(\sum \sigma_{ij})}] \tag{3.1}$$

其中，$\sum \sigma_i^2$ 代表测量指标或题项 i 的变异量，$\sum \sigma_{ij}$ 代表测量指标或题项 i 与 j 间的共同变异量，k 则指量表包含的指标和问项数。当这些指标之间完全没有相关性时，它们的共同变异量为 0，量表的信度为 0。本书对所涉入的单维结构变量、二维结构变量的信度进行再检验，结果如表 3.22 所示。参照性、系统用户体验、信息质量感知、心理抗拒、满意度、信任度（已删除 TRU4）、涉入度和采纳意愿的 Cronbach's α 系数分别为 0.855、0.887、0.882、0.920、0.891、0.745、0.758 和 0.896，均高于 0.7 的标准，表明整个测量量表的信度良好。

表 3.22　各变量信度检验结果（样本量 $n=458$）

变量		问项	问项删除后量表均值	问项删除后量表方差	校正的问项相关性	项已删除的 α 值	量表的 α 系数	
参照性	自我参照	REF1	26.352	11.218	0.753	0.776	0.853	0.855
		REF2	26.285	11.556	0.685	0.813		
		REF3	26.218	10.833	0.538	0.841		
		REF4	26.133	10.145	0.675	0.815		
	社会参照	REF5	26.248	10.352	0.515	0.845	0.857	
		REF6	26.213	11.873	0.582	0.828		
		REF7	26.298	10.007	0.529	0.836		
		REF8	26.394	11.662	0.581	0.829		
系统用户体验	感知有用性	SUE1	26.712	10.593	0.783	0.875	0.889	0.887
		SUE2	26.749	10.596	0.775	0.753		
		SUE3	26.608	10.903	0.836	0.876		
		SUE4	26.712	11.697	0.814	0.875		
	感知易用性	SUE5	26.808	11.548	0.811	0.871	0.885	
		SUE6	26.717	11.645	0.827	0.875		
		SUE7	26.675	10.746	0.788	0.871		
		SUE8	26.759	11.542	0.787	0.877		
信息质量感知	感知精确性	PIQ1	26.759	10.270	0.783	0.873	0.874	0.882
		PIQ2	26.837	10.164	0.789	0.775		
		PIQ3	26.626	11.494	0.772	0.873		
		PIQ4	26.677	11.439	0.708	0.864		
	感知新颖性	PIQ5	26.803	11.208	0.796	0.863	0.890	
		PIQ6	26.805	10.041	0.836	0.873		
		PIQ7	26.837	10.112	0.815	0.875		
		PIQ8	26.936	11.026	0.773	0.871		

续表

变量		问项	问项删除后量表均值	问项删除后量表方差	校正的问项相关性	项已删除的 α 值	量表的 α 系数	
心理抗拒	强迫性感受	PR1	28.961	10.833	0.685	0.913	0.924	0.920
		PR2	28.953	10.415	0.757	0.915		
		PR3	28.919	10.766	0.735	0.914		
		PR4	28.870	11.726	0.742	0.912		
		PR5	28.919	11.663	0.732	0.915		
	操纵意图推断	PR6	28.126	11.490	0.613	0.911	0.916	
		PR7	28.030	10.278	0.592	0.895		
		PR8	28.409	10.694	0.656	0.896		
		PR9	28.495	11.930	0.608	0.896		
		PR10	28.103	11.730	0.625	0.896		
满意度		SAT1	27.739	12.663	0.726	0.876	0.891	
		SAT2	27.648	12.597	0.743	0.875		
		SAT3	27.860	12.304	0.715	0.883		
		SAT4	27.643	12.709	0.605	0.881		
		SAT5	27.712	12.484	0.668	0.885		
		SAT6	27.761	12.548	0.661	0.887		
信任度		TRU1	23.544	11.742	0.556	0.716	0.745	
		TRU2	23.633	11.146	0.546	0.683		
		TRU3	23.318	10.284	0.617	0.657		
		TRU5	23.259	10.654	0.515	0.731		
涉入度		INV1	24.887	13.554	0.533	0.711	0.758	
		INV2	24.443	12.746	0.415	0.736		
		INV3	24.635	11.588	0.534	0.721		
		INV4	24.323	11.868	0.515	0.704		
采纳意愿		IA1	23.389	11.116	0.638	0.876	0.896	
		IA2	23.283	10.551	0.673	0.875		
		IA3	23.314	11.248	0.682	0.873		
		IA4	25.372	10.681	0.687	0.871		

此外，参照性的自我参照、社会参照维度分量表的 Cronbach's α 系数各为 0.853 和 0.857，系统用户体验的感知有用性、感知易用性维度分量表的 Cronbach's α系数各为 0.889 和 0.885，信息质量感知的感知精确性、感知新颖性维度分量表的 Cronbach's α 系数各为 0.874 和 0.890，心理抗拒的强迫性感受、操纵意图推断维度分量表的 Cronbach's α 系数各为 0.924 和 0.916，均大于 0.6，表明二维结构的各变量信度也较理想。

除了信任度量表问项 TRU4 的校正的问项相关小于 0.4 外，其余量表问项的校正的问项相关性均在 0.4 以上，达到标准，因此，本书删除信任度量表问项 TRU4，并对删除后剩余问项的信度进行再检验，结果如表 3.23 所示。删除问项 TRU4 后的信任度量表的 Cronbach's α 系数为 0.745（>0.7），项已删除的 α 值介于 0.667 与 0.721 之间（<0.751），校正问项与总分相关介于 0.505 与 0.607 之间（>0.4），说明删除问项 TRU4 后，信任度量表的信度良好。

表 3.23 信任度的信度再检验结果

变量	问项	问项删除后量表均值	问项删除后量表方差	校正问项与总分相关	项已删除的 α 值	量表的 α 系数
信任度	TRU1	23.249	11.269	0.545	0.705	0.745
	TRU2	23.175	11.542	0.556	0.693	
	TRU3	23.865	10.688	0.607	0.667	
	TRU5	23.746	10.679	0.505	0.721	

3.5.2 效度检验

由于潜变量无法直接测量，因此无法确定各指标产生的潜变量就是所要测量的理论概念，而不是其他相近的概念。为此，Campbell 和 Fiske（1959）提出了聚合效度（Convergent Validity）和区分效度（Discriminant Validity）的概念。对于聚合效度和区分效度的检验，一种常用的统计方法是多特质-多方法模式（Multi-Traits Multi-Methods，MTMM），但 MTMM 方法大多在研究者发展新量表时被使用。Fornell 和 Larcker[320]（1981）提出通过计算抽取变异量（Variance Extracted）的方式来估计聚合效度和区分效度，抽取变异量的计算如下：

$$抽取变异量 = \frac{\sum_{i=1} \lambda_{yi}^2}{\sum_{i=1} \lambda_{yi}^2 + \sum_{i=1} Var(\varepsilon_i)} \tag{3.2}$$

本书对各变量进行验证性因子分析的结果如表 3.24 所示。分析结果表明：参照性、系统用户体验、信息质量感知和心理抗拒各变量的二因子结构模型的适配度相比单因子结构模型优良，表明这 4 个变量的二因子结构的聚合效度良好；信任度和涉入度单因子结构模型的适配度指标尚可，表明信任度和涉入度的单维结构的聚合效度尚可；满意度和采纳意愿单因子结构模型的适配度指标理想，表明满意度和采纳意愿单维结构的聚合效度良好。

表 3.24　验证性因子分析模型适配结果（样本量 $n=458$）

变量模型	结构	χ^2	χ^2/df	*CFI*	*TLI*	*NFI*	*IFI*	*RMSEA*
参照性	单因子	34.648***	9.847	0.870	0.833	0.858	0.871	0.148
	二因子	175.666***	5.167	0.941	0.921	0.928	0.941	0.101
系统用户体验	单因子	35.557***	9.756	0.861	0.844	0.847	0.862	0.157
	二因子	174.765***	5.256	0.952	0.932	0.937	0.952	0.103
信息质量感知	单因子	36.466***	9.865	0.852	0.855	0.876	0.853	0.136
	二因子	176.328***	5.185	0.963	0.953	0.946	0.963	0.102
心理抗拒	单因子	35.315***	9.774	0.843	0.877	0.885	0.844	0.145
	二因子	174.841***	5.334	0.974	0.934	0.955	0.974	0.104
满意度	单因子	2.392***	1.196	0.999	0.997	0.994	0.999	0.022
信任度	单因子	155.511***	7.776	0.915	0.881	0.904	0.915	0.149
涉入度	单因子	34.375***	9.883	0.834	0.877	0.894	0.835	0.135
采纳意愿	单因子	50.864***	5.652	0.966	0.944	0.960	0.967	0.107

注：*** $p<0.001$。

此外，本书根据验证性因子分析得到的各变量问项的因子载荷，计算平均抽取变异量（*AVE*）和组合信度（*CR*），可以看出测量出各变量的组合信度（*CR*）>0.8，平均提取方差（*AVE*）>0.5，结果如表 3.25 所示。

表 3.25　变量的因子载荷、平均抽取变异量和组合信度（样本量 $n=458$）

潜变量		测量指标	因子载荷	平均抽取变异量 *AVE*	组合信度 *CR*
参照性	自我参照	REF1	0.913	0.681	0.856
		REF2	0.849		
		REF3	0.539		
		REF4	0.626		
	社会参照	REF5	0.538	0.589	0.834
		REF6	0.586		
		REF7	0.768		
		REF8	0.887		
系统用户体验	感知有用性	SUE1	0.824	0.718	0.917
		SUE2	0.832		
		SUE3	0.884		
		SUE4	0.846		
	感知易用性	SUE5	0.856	0.720	0.922
		SUE6	0.881		
		SUE7	0.857		
		SUE8	0.841		
信息质量感知	感知精确性	PIQ1	0.818	0.641	0.883
		PIQ2	0.832		
		PIQ3	0.786		
		PIQ4	0.758		
	感知新颖性	PIQ5	0.846	0.733	0.893
		PIQ6	0.881		
		PIQ7	0.875		
		PIQ8	0.838		

续表

潜变量		测量指标	因子载荷	平均抽取变异量 *AVE*	组合信度 *CR*
心理抗拒	强迫性感受	PR1	0.768	0.698	0.897
		PR2	0.887		
		PR3	0.863		
		PR4	0.843		
		PR5	0.815		
	操作意图推断	PR6	0.659	0.597	0.836
		PR7	0.642		
		PR8	0.785		
		PR9	0.748		
		PR10	0.694		
满意度		SAT1	0.813	0.520	0.883
		SAT2	0.828		
		SAT3	0.768		
		SAT4	0.764		
		SAT5	0.724		
		SAT6	0.726		
信任度		TRU1	0.647	0.593	0.785
		TRU2	0.724		
		TRU3	0.646		
		TRU5	0.738		
涉入度		INV1	0.872	0.580	0.897
		INV2	0.787		
		INV3	0.842		
		INV4	0.757		
采纳意愿		IA1	0.861	0.553	0.893
		IA2	0.769		
		IA3	0.751		
		IA4	0.816		

第一，对于参照性，自我参照的因子载荷介于0.539到0.913之间（>0.5），平均抽取变异量为0.681，高于0.5的判别标准；组合信度为0.856，高于0.6的判别标准。社会参照的因子载荷介于0.538到0.887之间（>0.5），平均抽取变异量为0.589；组合信度为0.834，高于0.6的判别标准；表明参照性二维结构的聚合效度良好。

第二，对于系统用户体验，感知有用性的因子载荷介于0.824到0.884之间（>0.5），平均抽取变异量为0.718，高于0.5的判别标准；组合信度为0.917，高于0.6的判别标准。感知易用性的因子载荷介于0.841到0.887之间（>0.5），平均抽取变异量为0.720，高于0.5的判别标准；组合信度为0.922，高于0.6的判别标准；表明系统用户体验二维结构的聚合效度理想。

第三，对于信息质量感知，感知精确性的因子载荷介于0.758到0.832之间（>0.5），平均抽取变异量为0.641，高于0.5的判别标准；组合信度为0.883，高于0.6的判别标准。感知新颖性的因子载荷介于0.838到0.881之间（>0.5），平均抽取变异量为0.733，高于0.5的判别标准；组合信度为0.893，高于0.6的判别标准；表明信息质量感知二维结构的聚合效度良好。

第四，对于心理抗拒，强迫性感受的因子载荷介于0.768到0.887之间（>0.5），平均抽取变异量为0.698，高于0.5的判别标准；组合信度为0.897，高于0.6的判别标准。操纵意图推断的因子载荷介于0.642到0.785之间（>0.5），平均抽取变异量为0.597；组合信度为0.836，高于0.6的判别标准；表明心理抗拒二维结构的聚合效度良好。

第五，对于满意度，其因子载荷介于0.724到0.828之间（>0.5），平均抽取变异量为0.520，高低于0.5的判别标准，组合信度为0.883，高于0.6的判别标准，表明满意度的聚合效度尚可。

第六，对于信任度，其因子载荷介于0.646到0.738之间（>0.5），平均抽取变异量为0.593，组合信度为0.785，高于0.6的判别标准，表明信度的聚合效度一般。

第七，对于涉入度，其因子载荷介于0.757到0.872之间（>0.5），平均抽取变异量为0.580，高于0.5的判别标准，组合信度为0.897，高于0.6的判别标准，表明涉入度的聚合效度理想。

第八，对于采纳意愿，其因子载荷介于0.751到0.861之间（>0.5），平均抽取变异量为 0.553，高于 0.5 的判别标准，组合信度为 0.893，高于 0.6 的判别标准，表明采纳意愿的聚合效度理想。

3.6　本章小结

本章的研究工作可总结为以下几个方面：

(1) 对本书所涉及主要变量的基本概念做出了明确界定，具体包括推荐解释的参照性、系统用户体验、信息质量感知、心理抗拒、满意度、信任度、涉入度和采纳意愿。其中参照性为自变量，系统用户体验、信息质量感知、心理抗拒以及满意度均为中介变量，信任度和涉入度为调节变量，信息采纳意愿为因变量。另外还有两个自变量（即推荐解释的互动性和契合性）未列入本章的探讨范围，是因为这两个变量不是通过问卷和量表进行测量，而是通过实验操纵的方式获得相关数据，将分别在第 4 章和第 6 章中展开详细讨论。

(2) 基于理论与实践背景，提炼出本书所要解决的 3 个关键问题，分别为：推荐解释的互动性对用户采纳意愿的影响机制是怎样的？推荐解释的参照性对用户采纳意愿的影响路径是怎样的？推荐解释的契合性对用户采纳意愿的影响过程是怎样的？对于第一个问题，分别引入系统用户体验和信任度作为中介和调节变量；对于第二个问题，引入信息质量感知和满意度作为中介变量；对于第三个问题，分别引入心理抗拒和参照性、涉入度作为中介和调节变量。在此基础上构建整体理论模型框架，为后面进一步研究做出铺垫。

(3) 依据前人相关理论成果，对本书所要用到的变量量表及调查问卷进行了周密设计与严格检验。测量量表主要是引入国外较成熟的量表，组织专业人员将其翻译成中文，并通过与业内人士特别是专家学者访谈的形式对量表进行讨论与修订。在此基础上，通过问卷调研的方式获取原始数据，采用 SPSS 23.0 和 MPLUS 7.0 等统计工具对所收集的变量数据进行探索性因子分析和验证性因子分析，对各变量量表的信度和效度进行严格的检视，针对个别量表中不合适的测度项进行删除（如 TRU4），最终得到合格、有效的测量工具。

第 4 章　推荐解释的互动性对采纳意愿的影响机制

本章在第 3 章构建的整体理论模型的基础上，针对第一个关键问题（对应研究一）展开较为系统深入的研究。首先提出研究一的关系假设，并建立其概念模型；然后通过情景实验与问卷调查两种研究方法相结合获取相关数据，采用 SPSS 23.0 和 MPLUS 7.0 等工具对有效数据进行统计分析；最后，对研究一中的关系假设进行检验与论证，并得出相应研究结论。

4.1　关系假设的提出

4.1.1　推荐解释的互动性与信息采纳意愿的关系

不同推荐解释的呈现形式会对消费者行为意愿产生差异化的影响，杨淑梅（2014）证实了推荐系统的交互性能对用户采纳意愿构成重要影响[45]。根据社会互动理论，本文将推荐解释的互动性分为静态推荐解释和动态推荐解释两种方式，其中动态推荐解释指的就是一种基于交互式的解释形式，当用户对推荐系统所提供信息或产品有不明朗的问题需要咨询时，可以通过在线交互式软件（如淘宝的“阿里旺旺”和京东商城的“京东咚咚”）进行咨询以获得更多的帮助信息。根据传播说服理论，在线的信息传播过程中，用户接受信息时可能引发态度发生改变，从而形成了被说服的结果，认知、情感和行为意向构成了对这种态度的描述性分解[298]。从信息传播效果上看，由于动态推荐解释方式是一种双向信息沟通方式，消费者与商家可以实现在线实时互动，从而能即时解决消费者在主动搜索商品或被动接受推荐信息时遇到的各种疑问与困惑。与之相比，静态推荐解释无法达到这种沟通效果。据此，提出如下假设：

H1：动态推荐解释比静态推荐解释更能激发用户的采纳意愿。

4.1.2　推荐解释的互动性与系统用户体验的关系

大型电子商务网站的推荐系统中，亚马逊是最早引入交互功能平台之一，它不仅涉及用户的浏览、评论等基本的交互活动，而且能让用户主动修正系统产生的推荐[322]。如亚马逊网站的推荐系统通过“为我推荐”功能，用户可以清楚地看到推荐系统产生的推荐信息及产生的原因（推荐解释）。若网络用户购买了某一商品，亚马逊的推荐系统则会根据用户的购买记录自动为其推荐与之相关的商品。如果用户对推荐信息或商品感兴趣，便可以点击相关链接了解详细资料。另外，用户还可以对其购买过的商品进行评论或评级，推荐系统则会根据用户的这些行为，推测其个人偏好，进而有针对性地推荐相关商品。与此同时，用户若对推荐系统所推荐的商品信息不感兴趣，则可以通过设置该商品不需要再推荐，与该商品有关的推荐信息便不会再出现。

Konstan 等在以 GroupLens 为研究对象的时候，重点探讨了 PRS 的反馈功能对用户使用推荐系统行为的影响，研究发现 PRS 的反馈功能确实有助于增加用户对推荐系统的感知有用性和感知易用性[323]。通过与推荐系统的交互，用户方与推荐方能增加彼此之间的相互了解，一方面，用户可以弄清所收到的推荐信息产生的原因，而且通过自己对哪些商品需要推荐、哪些商品不需要推荐进行设置，感知到这些推荐信息是在自己的控制范围内，易于掌控和使用。另一方面，推荐系统通过与用户的交互，可以获得用户的偏好信息，从而为用户做出精准推荐，提高推荐系统的有用性和易用性。基于以上分析，提出如下假设：

H2a：动态推荐解释比静态推荐解释可能给用户带来更多的感知有用性。

H2b：动态推荐解释比静态推荐解释可能给用户带来更多的感知易用性。

4.1.3　系统用户体验与信息采纳意愿的关系

根据技术接受模型（TAM），本书所引入的系统用户体验包含感知有用性和感知易用性两个维度，这两个维度是 TAM 模型中的主要中介变量[143]。而 TAM 模型建立在理性行为理论（TRA）基础之上，TRA 理论认为，个人规范、社会规范等主观规范（Subjective Norm）是影响用户采纳意愿的重要前因变量[276]。本书所提的采纳意愿是指用户在浏览电子商务网站的过程中，对网站所提供的推荐信息的采纳意向，具体表现为是否愿意浏览或购买推荐系统所提供的信息或商品。吴继飞等（2016）认为，顾客在做购买决策前，浏览其他顾客直接体验后形成的分享内容时，最关注的信息和线索就是产品功能、质量怎么样和操作起来是否简单、易用[147]。高迪（2017）通过研究在线推荐系统用户采纳意愿的影响机理，发现感知有用性、感知易用性越强，用户对推荐信息的采纳意愿越强。Gefen 和 Karahanna（2003）以图书销售网站为研究平台，以在校大学生为研究对象进行购书模拟实验，结果表明，当用户使用网站搜索图书信息时，他们对网站的感知有用性和感知易用性会正向影响他们的使用意图；然而当用户使用网站购买图书时，感知易用性对使用意图却没有影响作用，但感知有用性对使用意图有影响作用[324]。基于以上分析，提出如下假设：

H3a：感知有用性对用户采纳意愿会产生正向影响，并结合假设 H2a 一起认为，感知有用性在推荐解释的互动性对用户采纳意愿的影响中起中介作用。

H3b：感知易用性对用户采纳意愿会产生正向影响，并结合假设 H2b 一起认为，感知易用性在推荐解释的互动性对用户采纳意愿的影响中起中介作用。

4.1.4 信任度、互动性、系统用户体验与采纳意愿的关系

相同的推荐解释信息呈现形式，当用户对推荐平台的信任度或者其所推荐的产品信任度不同时，给用户带来的使用体验以及采纳意愿的影响也会存在差异。PRS 中推荐解释以互动的方式进行信息呈现，实际上是在给用户传递一系列的信息，而这些信息为用户信任、采纳以及购买决策提供了依据[325]。系统用户体验是指用户在使用推荐系统时的心理感受状态，或者说是一种与用户的思考、有意识的心智活动相关的网络活动体验，Westbrook 等认为这种体验是用户在与推荐平台长期接触的过程中产生的一种信任感[326]。尚林（2015）在基于 B2B 平台客户推荐影响因素的研究中得出，信任度对客户的推荐采纳意愿产生影响，认为增强用户对推荐平台的信任感有助于提高用户对推荐系统的感知有用性和感知易用性以及网上购买意愿[327]。在电子商务推荐系统领域，信任度除了针对推荐平台而言，同时还包括用户对推荐产品（品牌）的信任。现有研究结果表明，品牌的信任度决定了消费者的购买意向及其购买行为，它们之间存在正相关影响，这种影响主要通过

消费者对产品品牌进行正面地传播以及消费者对产品品牌的信任两个方面所表现出来[328]。韩心瑜等（2018）基于在线品牌体验综合评价模型的分析，研究了在线品牌与消费者在线体验互动的关系，研究发现品牌声誉会通过用户信任影响到消费者感知易用性，而良好的易用性有助于让消费者感知到更好的有用性；信任度与有用性一起促成在线品牌体验，进而对消费者的采纳意愿和购买意向产生正向影响[329]。基于以上分析，结合前文中的假设 H3a 和 H3b，提出假设：

H4a：信任度会调节推荐解释的互动性对感知有用性的影响，并进而影响采纳意愿。即在信任度高的情境下，动态推荐解释会引起更多的感知有用性并进而影响采纳意愿；而在信任度低的情境下，静态推荐解释会引起更少的感知有用性进而影响采纳意愿。而且在信任度高的情境下，动、静态推荐解释引起的感知有用性的差异比信任度低的情境下的差异要小。

H4b：信任度会调节推荐解释的互动性对感知易用性的影响，并进而影响采纳意愿。即在信任度高的情境下，动态推荐解释会引起更多的感知易用性并进而影响采纳意愿；而在信任度低的情境下，静态推荐解释会引起更少的感知易用性进而影响采纳意愿。而且在信任度高的情境下，动、静态推荐解释引起的感知易用性的差异比信任度高的情境下的差异要小。

根据上面的研究假设 H1～H4，提出研究一的概念模型框架，如图 4.1 所示 。

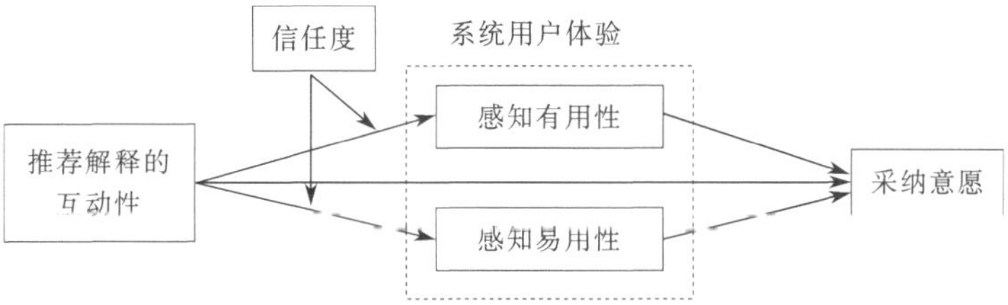

图 4.1　子研究　的概念模型

4.2　实验设计与测量工具

4.2.1　实验设计

采用 2（推荐解释的互动性：动态推荐解释、静态推荐解释）×2（信任度：高信任度、低信任度）二阶因子实验设计，由此形成 4 份可做比较的情景问卷。

推荐解释的互动性采用参与者组间设计，信任度采用参与者组内设计，最终形成两种类型的问卷。出于使调查具备随机性考量，在分发前对 4 个版本问卷以随机的方式打乱其顺序，以确保每位受试者都有可能被分配到 4 个实验情景中的一个，同时要求被试假想自己对于该组情景描述情况有一定了解之后对相关问题再做回答。分别以随机的方式选择南方 3 所高校（其中 985、211 和普通高校各一所）在校大学生为调查对象，之所以选择此样本，是因为在校大学生在网购群体中所占比重较大，且由于在校大学生接受新事物的能力相对较强，对推荐解释信息的呈现形式有一定了解，因此选择这样的样本比较具有代表性。以年级为单位，分发问卷共 200 份，筛除无网购经历以及回答不完整的问卷，最终得到 160 份有效问卷，有效回收率达 80%。涉入度采用 Kapferer 等[313] 的 4 个题项，如“我购买该产品前会咨询其他人的意见”等，被解释变量采纳意愿主要参照 Pavlou 等[316] 的研究，以“我认为通过推荐系统购买推荐的商品是实用的”等 4 个测度项进行测量。量表的信度系数全都大于 0.8，故可将这些指标的测度项分别进行平均化处理以便于进行后面的数据分析。

以京东商城客户作为实验对象，京东商城上的推荐系统含有静态推荐解释和动态推荐解释两种形式，静态推荐解释是以文字和图片对推荐理由进行的解释说明，如“猜你喜欢……”；动态推荐解释是通过一款叫“京东咚咚”的社交软件实现，这款软件类似于淘宝的阿里旺旺和腾讯的 QQ 软件，客户可以通过该软件与商家进行咨询、反馈等实时交流互动，以便及时解决用户购物过程中所遇到的各种困难和问题。我们先对 20 名经常网购的在校本科生和硕士研究生进行预实验，通过列举若干具体操作，让受试者对两种推荐解释形式在不同信任度情境下所起的作用进行对比，结果发现被试一致认为当用户信任度较低时，一般都会选择通过京东咚咚与商家进行沟通，以了解更加具体的情况。因此，我们初步认为动态推荐解释比静态推荐解释对用户采纳意愿有不同程度的影响。

4.2.2 测量工具

推荐解释的互动性（自变量）水平的区分通过实验操纵实现，除此之外，采纳意愿（因变量）、系统用户体验（中介变量）和信任度（调节变量）的测量均借用成熟且经实证检验的量表完成（详见第 3 章）。控制变量为受试者的性别、年龄、受教育程度和月收入等统计指标，采用李克特（Likert）七级量表进行评测，评分值从 1 到 7，分别表示“完全同意”“不同意”“比较不同意”“不确定”“比较同意”“同意”“完全同意”。

4.3　数据分析与假设验证

4.3.1　数据分析

通过 SPSS 23.0 对感知有用性、感知易用性和采纳意愿的信度进行分析，结果表明，各变量对应量表的 Cronbach’s α 值及其组合信度（*CR*）均大于 0.7，说明各量表具有较高的内部一致性，信度较高。效度方面，采用 *MPLUS* 7.0 进行验证性因子分析，所有构件的因子载荷均大于 0.5，平均方差提取值（*AVE*）均大于 0.5，可见各量表具有良好的聚合效度。而且，各变量的 *AVE* 平方根值均大于与其变量之间的相关系数，可见各量表具有良好的区别效度。

4.3.2　假设验证

1. 感知有用性的中介作用和信任度的调节效应

推荐解释的互动性对用户采纳意愿的影响分析结果如表 4.1 所示。首先，通过对推荐解释的互动性进行编码（静态推荐解释＝0，动态推荐解释＝1），进行独立样本 t 检验分析，结果显示，静态推荐解释与动态推荐解释所对应的采纳意愿差异显著［$M_{静态推荐解释}=3.228$；$M_{动态推荐解释}=4.824$；$t(158)=9.562$，$p<0.05$］，可见相对于静态推荐解释，动态推荐解释下用户会有更高的采纳意愿。因此，假设 H1 得到验证。

表 4.1　推荐解释的互动性对用户采纳意愿的影响

类别	*N*	*M*	*SD*	*t*	*p*	*LLCI*	*ULCI*
静态推荐解释	80	3.228	1.017	9.562	0.000	1.302	2.043
动态推荐解释	80	4.824	1.046				

注：*N* 为被试数，*M* 为均值，*SD* 为标准差，*LLCI* 为 95%置信区间下限，*ULCI* 为 95%置信区间上限。

然后，分析推荐解释的互动性对感知有用性的影响，同样采用独立样本 t 检验，结果显示，相对于静态推荐解释，动态推荐解释会使用户产生更多的感知有用性［$M_{静态推荐解释}$=4.018；$M_{动态推荐解释}$=4.759；t（158）=4.416，p<0.05］，两者差异显著，因此，假设H2a得到验证。

表4.2 信任度对推荐解释的互动性影响和感知有用性的调节效应

类别	SS	df	MS	F	p
推荐解释的互动性	22.751	1，156	22.751	97.603	0.000
信任度	109.730	1，156	109.730	475.356	0.000
推荐解释的互动性*信任度	1.713	1，156	1.713	7.858	0.000

注：SS为Ⅲ型平方和，df为自由度，MS为均方差。

信任度对推荐解释的互动性影响和用户感知有用性的调节效应分析如表4.2所示。通过双因素ANOVA分析，结果显示，信任度与推荐解释的互动性对感知有用性的交互作用显著（F（1，156）=7.858，p<0.05）；推荐解释的互动性（自变量）的主效应显著（F（1，156）=97.603，p<0.05），信任度（调节变量）的主效应也显著（F（1，156）=475.356，p<0.05）。这充分说明在信任度低的情境下，动态推荐解释较之静态推荐解释使用户产生更高的感知有用性（$M_{动态推荐解释}$=5.836；$M_{静态推荐解释}$=4.742）；而在信任度高的情境下，虽然动态推荐解释比静态推荐解释会使用户产生更多的感知有用性（$M_{动态推荐解释}$=4.701；$M_{静态推荐解释}$=4.075），但动态推荐解释与静态推荐解释引起的感知有用性的差异比信任度低的情境下要小。这表明信任度会调节推荐解释的互动性对感知有用性的影响，如图4.2所示。因此，假设H4a的前半部分得到验证。

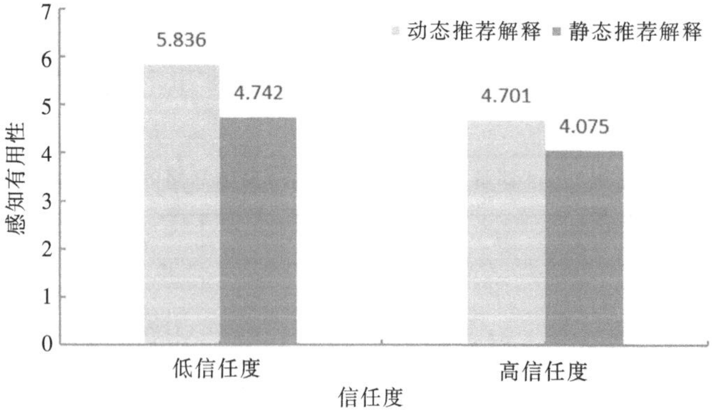

图4.2 信任度对感知有用性的调节效应

感知有用性对推荐解释的互动性影响和用户采纳意愿的中介作用分析结果如表 4.3 所示。

表 4.3　感知有用性在推荐解释的互动性与采纳意愿关系中的中介作用

类别	信任度	*Effect*	*SE*	*t*	*p*	95%置信区间 *CI*	
						下限 *LLCI*	上限 *ULCI*
直接效应	推荐解释的易用性	0.429	0.036	8.868	0.000	0.323	0.525
中介作用	低信任度	0.288	0.031	—	未含 0	0.215	0.387
	高信任度	0.167	0.027	—	未含 0	0.117	0.246

注：*Effect* 为效应值，*SE* 为标准误。

通过对感知有用性在推荐解释的契合性与用户采纳意愿关系中的中介作用分析，结果显示，将所有变量的参数进行标准化后，根据 Zhao 等[330]推荐的中介效应分析方法，同时借鉴 Preacher 等[331]和 Hayes[332]推荐的 Bootstrap 方法进行中介效应检验，设定样本量为 5 000。在低信任度情境下，对于 95%置信区间，中介检验的结果未包含 0（$LLCI=0.215$，$ULCI=0.387$），并且中介效应的值为 0.288，可见感知有用性的中介作用显著；在高信任度情境下，对于 95%置信区间，中介效应结果未包含 0（$LLCI=0.117$，$ULCI=0.24$），并且中介效应的值为 0.167，可见感知有用性的中介作用也显著。故假设 H4a 后半部分得到验证，结合已经得到验证的 H4a 前半部分，整个假设 H4a 得到验证。

在控制中介变量感知有用性后，推荐解释的互动性对用户采纳意愿的影响仍然显著（$LLCI=0.323$，$ULCI=0.525$，未包含 0），效应大小为 0.429，可见感知有用性在推荐解释的互动性对用户采纳意愿的影响中仅起到部分中介作用。故 H3a 的后半部分得到验证，结合已经得到验证的前半部分，整个 H3a 得到验证。

2. 感知易用性的中介作用和信任度的调节效应

信任度对推荐解释的互动性影响感知易用性的调节效应分析如表 4.4 所示。通过双因素 *ANOVA* 分析，结果显示，信任度与推荐解释的互动性对感知易用性的交互作用显著［$F(1, 156)=19.417$，$p<0.05$］，推荐解释的互动性（自

变量）[F（1，156）=168.241，$p<0.05$]，信任度（调节变量）的主效应也显著[F（1，156）=501.745，$p<0.05$]。这充分说明在低信任度情境下，动态推荐解释较之静态推荐解释使用户产生更高的感知易用性[$M_{动态推荐解释}=4.736$；$M_{静态推荐解释}=3.043$]；而在高信任度情境下，虽然动态推荐解释比静态推荐解释会使用户产生更多的感知易用性[$M_{动态推荐解释}=5.323$；$M_{静态推荐解释}=4.079$]，但静态推荐解释与动态推荐解释引起的感知易用性的差异比高信任度情境下要小。这表明信任度会调节推荐解释的互动性对感知易用性的影响，如图4.3所示。因此，假设H4b的前半部分得到验证。

表4.4　信任度在推荐解释的互动性与感知易用性关系中的调节效应

类别	*SS*	*df*	*MS*	*F*	*p*
推荐解释的互动性	40.342	1，156	40.342	168.241	0.000
信任度	120.468	1，156	120.468	501.745	0.000
推荐解释的互动性 * 信任度	4.467	1，156	4.467	19.417	0.000

注：*SS*为Ⅲ型平方和，*df*为自由度，*MS*为均方差。

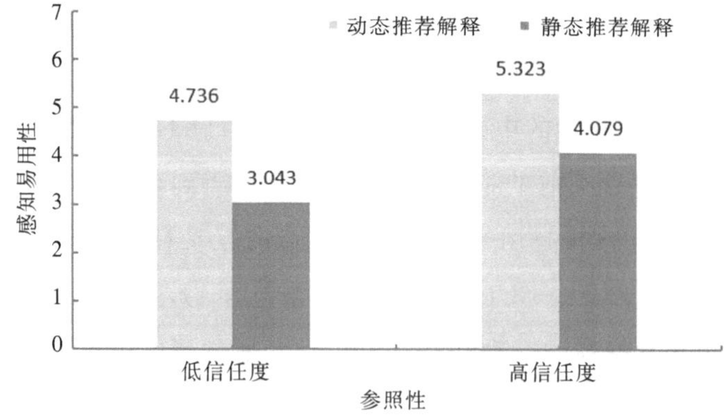

图4.3　信任度对感知易用性的调节效应

感知易用性在推荐解释的互动性与用户采纳意愿关系中的中介作用分析结果如表4.5所示。通过对感知易用性对用户采纳意愿的中介作用分析可知，假设H3b的前半部分得到验证。

表 4.5　感知易用性在推荐解释的互动性与采纳意愿关系中的中介作用

类别	信任度	*Effect*	*SE*	*t*	*p*	95%置信区间 *CI*	
						下限 *LLCI*	上限 *ULCI*
直接效应	—	0.350	0.031	7.245	0.000	0.269	0.471
中介效应	低信任度	0.371	0.437	—	未含 0	0.312	0.476
	高信任度	0.173	0.032	—	未含 0	0.107	0.243

注：*Effect* 为效应值，*SE* 为标准误。

对所有变量做标准化处理，根据 Zhao[330] 等、陈瑞等[333] 推荐的中介效应分析方法，同时借鉴 Preacher 等[331] 和 Hayes[332] 推荐的 Bootstrap 方法进行中介效应检验，设定样本量为 5 000。在低信任度情境下，对于 95%置信区间，中介检验的结果未包含 0（*LLCI* = 0.312，*ULCI* = 0.476），并且中介效应的值为 0.371，可见感知易用性的中介作用显著；在高信任度情境下，对于 95%置信区间，中介检验的结果未包含 0（*LLCI*=0.107，*ULCI*=0.243），并且中介效应的值为 0.173，可见感知易用性的中介作用也显著。故 H4a 的后半部分得到验证，结合已经得到验证的前半部分，整个假设 H4b 得到验证。

在控制中介变量感知易用性后，推荐解释的互动性对用户采纳意愿的影响仍然显著（*LLCI*=0.269，*ULCI*=0.471，未包含 0），效应大小为 0.350，可见感知易用性在推荐解释的互动性对用户采纳意愿的影响中只起到部分中介作用。因此 H3b 的后半部分得到验证，连同已经得到验证的前半部分，整个 H3b 得到验证。

3. **感知有用性与感知易用性的共同中介作用**

为了检验感知有用性与感知易用性在推荐解释的互动性对用户采纳意愿影响中所起到的共同中介作用，对所有变量的参数进行标准化，参照 Preacher[331] 和 Hayes[332] 推荐的多个并列中介变量的 Bootstrap 方法，检验两个变量的共同中介作用，设定样本量为 5 000，设置置信区间为 95%。得到如表 4.6 所示的检验结果，可以看出中介变量的共同中介作用显著（*LLCI*=0.157，*ULCI*=0.405，未包含 0），并且共同中介效应的值为 0.266；感知有用性和感知易用性各自都产生了显著的中介效应，其中介效应的值分别为 0.112（*LLCI* = 0.052，*ULCI* = 0.214，未包含 0）和 0.134（*LLCI*=0.070，*ULCI*=0.238，未包含 0）；当控制共同中介作用后，推荐解释的互动性对用户采纳意愿的影响仍然显著（*LLCI*=

0.261，*ULCI*＝0.447，未包含 0)，直接效应为 0.355。

表 4.6　感知有用性与感知易用性的共同中介作用

类别	系统用户体验	*Effect*	*SE*	*t*	*p*	95％置信区间 *CI*	
						下限 *LLCI*	上限 *ULCI*
直接效应	—	0.355	0.037	7.920	0.000	0.261	0.447
中介效应	感知有用性	0.112	0.035	—	未含 0	0.052	0.214
	感知易用性	0.134	0.031	—	未含 0	0.070	0.238
	共同中介	0.266	0.040	—	未含 0	0.157	0.405

注：*Effect* 为效应值，*SE* 为标准误。

4. 信任度对感知有用性与感知易用性的共同中介作用的调节效应

为了检验信任度对感知有用性与感知易用性的共同中介作用的调节效应，将所有变量的参数进行标准化后，按照 Zhao 等[330]提出的中介效应分析方法，同时参照 Preacher 等[331]和 Hayes[332]推荐的有调节的中介变量检验方法，采用 Bootstrap 中介效应检验，样本量设置为 5 000，置信区间设置为 95％，检验结果如表 4.7 所示。

表 4.7　信任度对感知有用性与感知易用性的共同中介作用的调节效应

类别	系统用户体验	*Effect*	*SE*	*t*	*p*	95％置信区间 *CI*	
						下限 *LLCI*	上限 *ULCI*
直接效应	—	0.375	0.453	7.931	0.000	0.260	0.467
中介效应	低信任度	0.158	0.405	—	未含 0	0.074	0.242
（感知有用性）	高信任度	0.075	0.006	—	未含 0	0.045	0.138
中介效应	低信任度	0.206	0.03	—	未含 0	0.118	0.276
（感知易用性）	高信任度	0.102	0.018	—	未含 0	0.028	0.143

注：*Effect* 为效应值，*SE* 为标准误。

在低信任度情境下，推荐解释的互动性（静态推荐解释和动态推荐解释）通过感知有用性的中介作用进而影响用户采纳意愿的间接作用显著（*LLCI*＝0.074，*ULCI*＝0.242，未包含 0)，效应值为 0.158；推荐解释的互动性（静态推荐解释和动态推荐解释）通过感知易用性的中介作用进而影响用户采纳意愿的间接作用也显著（*LLCI*＝0.118，*ULCI*＝0.276，未包含 0)，效应值为 0.206。

在高信任度情境下，推荐解释的互动性（静态推荐解释和动态推荐解释）通过感知有用性的中介作用进而影响网络用户购买意愿的间接作用显著（$LLCI$＝0.045，$ULCI$＝0.138，未包含 0），效应值为 0.075；推荐解释的互动性（静态推荐解释和动态推荐解释）通过感知易用性的中介作用进而影响网络用户购买意愿的间接作用也显著（$LLCI$＝0.028，$ULCI$＝0.143，未包含 0），效应值为 0.102。另外，在感知有用性和感知易用性两个变量的共同中介作用下，推荐解释的互动性对用户采纳意愿的直接效应依旧显著（$LLCI$＝0.260，$ULCI$＝0.467，未包含 0），直接效应的值为 0.375。

由此可见，感知有用性和感知易用性两个变量的共同中介作用会受到信任度的调节影响，并且这两个变量所起的共同中介作用仍然为部分中介作用，因此假设 H3a、H3b、H4a、H4b 再次得到验证。

4.4　推荐解释的互动性对采纳意愿影响机制的分析结论

基于社会互动理论与技术接受模型（TAM）探讨了推荐解释的互动性对用户采纳意愿的影响，通过情景实验法 SPSS 23.0 和 R 语言统计分析工具考察了系统用户体验的中介作用与信任度的调节效应。实验结果表明：

（1）推荐解释的互动性不同维度对用户采纳意愿的影响存在差异，与静态推荐解释相比，动态推荐解释更能增加用户的采纳意愿。推荐解释的互动性不同维度对感知有用性的影响也存在差异，动态推荐解释比静态推荐解释带来更多的感知有用性；感知有用性在推荐解释的互动性对用户采纳意愿的影响中起部分中介作用，而且在低信任度情境下感知有用性的中介效应大于高信任度情境。信任度对推荐解释的互动性影响感知有用性进而影响用户采纳意愿的调节作用显著，在低信任度情境下，动态推荐解释会引起更多的感知有用性；而在高信任度情境下，静态推荐解释与动态推荐解释引起的感知有用性的差异比低信任度情境下的差异要小。

（2）推荐解释的互动性不同维度对感知易用性的影响存在差异，静态推荐解释比动态推荐解释带来更多的感知易用性；感知易用性在推荐解释的互动性对用户采纳意愿的影响中起部分中介作用，而且在高信任度情境下感知易用性的中介效应大于低信任度情境。信任度对推荐解释的互动性影响感知易用性进而影响用户采纳意愿的调节作用显著，在高信任度情境下，静态推荐解释会引起更多的感知易用性；而在低信任度情境下，静态推荐解释与动态推荐解释引起的感知易用性的差异比高信任度情境下的差异要小。

(3) 感知有用性和感知易用性在推荐解释的互动性对用户采纳意愿的影响中，不仅各自起到显著的中介作用，而且其变量的共同中介作用也显著；另外，在控制其变量的共同中介作用后，推荐解释的互动性对用户采纳意愿的影响仍然显著，因此，此变量的共同中介作用为部分中介作用。对于感知有用性和感知易用性两个中介变量，不仅各自的中介作用会受到信任度的调节影响，而且这两个变量的共同中介作用也会受到信任度的调节影响，在低信任度情境下，感知有用性和感知易用性的共同中介作用比高信任度情境下要大。

4.5 本章小结

本章主要针对第 3 章提出的第一个关键问题，较为系统和深入地研究了 PRS 中推荐解释的互动性对用户采纳意愿的影响机制。为了阐述的方便，将本章的研究称为研究一，主要进行了如下研究工作：

首先，根据 PRS 中推荐解释有无交互功能，借鉴计算机领域中静态网页与动态网页的术语，创新性地提出了静态推荐解释与动态推荐解释的概念。静态推荐解释是推荐系统只以文字、图片等形式呈现推荐解释信息，无交互功能，用户无法与之进行互动；动态推荐解释是指用户既可以浏览和阅读推荐解释信息，还可以通过互动工具与推荐方进行交流与沟通，具有交互功能。

其次，依据技术接受模型（TAM）以及其他相关理论，确定了研究一的主要研究变量，其中推荐解释的契合性为自变量，信息采纳意愿为因变量，系统用户体验（包含感知有用性与感知易用性两个维度）为中介变量，信任度为调节变量。在此基础上，提出了研究一中各变量之间的关系假设，并形成其概念模型，为接下来的实证检验做好铺垫。

再次，通过情景实验与问卷调查相结合的方法，获取相关变量的测量数据，具体包括推荐解释的互动性、感知有用性、感知易用性、信息采纳意愿和信任度 5 个变量。在此基础上，通过 SPSS 23.0 和 MPLUS 7.0 等工具对获取原始数据参照第 3 章所描述的具体过程进行严格的信效度检验，并对有效数据进行统计分析。

最后，依据数据分析结果，对研究一提出的关系假设进行了一一验证，并归纳出其所对应研究结论。

第5章 推荐解释的参照性对采纳意愿的影响机制

本章在第3章构建的整体理论模型的基础上，针对第二个关键问题（对应研究二）展开较为系统深入的研究。首先提出研究二的关系假设，并建立其概念模型；然后通过情景实验与问卷调查两种研究方法相结合获取相关数据，采用SPSS 23.0和Smart PLS 2.0等工具对有效数据进行统计分析；最后，对研究二中的关系假设进行检验与论证，并得出相应研究结论。

5.1 关系假设的提出

5.1.1 推荐解释的参照性与信息质量感知的关系

使用PRS的用户，基于他们对这些工具有用性的感知识别和评估与他们兴趣有关的产品，当系统提供包含基于用户刺激的个性化推荐信息时，用户可能会觉得系统“读懂了他们的想法”。顾客认知依赖于特定的情境，因此，网络推荐需要关注用户背景信息和他们的自身经历[334]。

自我参照是指个人通过将推荐信息与储存在记忆中的自我相关信息进行比较，来理解所使用PRS推荐的认知过程。人们常常基于对某些有益经历的个人记忆来做决策，因此，自我参照是通过既定用户任务引出的，他们将单词或语句与自己各个方面联系起来[335-337]。Web上的PRS为用户提供重要的自我参照，以此作为他们创建缜密推荐和提高客户评价的努力方向，许多研究都将对自我参照的描述作为向用户提供信息的有效途径[338]。自我参照可以使想要查找有价值信息的用户根据他们的偏好获得准确信息，这就解释了在PRS中自我参照为何可以增加推荐的精确性，以及用户是否有可能采纳他们的推荐[339]。

之前有关PRS的研究提出，完善的推荐算法能提高PRS的精确性和新颖性，最终有利于增加用户的采纳意向。当PRS提供考虑用户或他人偏好的推荐时，用户会感受到PRS的精确性和新颖性。尽管在PRS算法的执行中恰当推荐的生成固然重要，但是用户更为在乎的是其所感知到的精确性和新颖性[43]。其中感知精确性表示预测的偏好和用户的实际偏好在多大程度上是一致的，这种评价是因为用户通常不关心所使用的算法，而对推荐的精确性更感兴趣。因此，自我参照可以提高商品推荐系统的感知精确性，使用户对其产生更加积极的评价。基于以上，提出如下关于自我参照的假设：

H1a：PRS中推荐解释的自我参照对感知精确性有正向影响。

向用户提供关于新产品或新服务的推荐，从用户的角度来看是新奇或意外的发现。感知新颖性是指用户在接触到之前不熟悉的事物时，因PRS提供了新颖的物品而对PRS性能产生的感觉[43]。根据CF算法相关研究，具备自我参照的个性化推荐应该可以帮助用户发现“新商品”，并可将其作为决策标准的一部分[22]。当用户体验到能促进对所存储的自我信息实现推荐解释的自我参照时，这种体验可以通过推荐的结果增加用户对其感知新颖性的认知。也就是说，PRS可以依据用户个人的历史数据进行推荐，通过比对历史数据，推荐系统可以找到用户以前购买过的偏好商品。基于此信息，推荐系统可以检测出与用户偏好一致的商品，但是之前没有向此人推荐过（使用基于项目到项目的CF算法）。当PRS向用户推送商品时，推荐系统倾向于推荐新颖或准确的商品。推荐系统可以根据用户以前的自我历史数据和相似用户的数据进行推荐，但是重复和受限的推荐商品会损害用户采纳推荐的动机。用户在收到新颖的推荐商品以及基于自我参照的解释时，可能会对PRS产生更大的新奇感，出于这个原因，PRS可以推荐基于自我参照的新商品。在很多情况下，用户不会给出他们之前使用过的所有商品的评分，因此，仅仅提高PRS的精确性还不足以过滤出用户已经知道的推荐[43]。PRS的新颖性对于限制无关的推荐和向用户推出新颖而有价值的商品是很重要的。因此，用户在使用基于自我参照的PRS时，会产生一种良好的感觉。尽管用户可以在PRS上自主搜索商品，但由推荐产生的商品中有一些他们之前不知道的，这样，自我参照增强了用户的感知新颖性。基于以上，提出如下关于自我参照的假设：

H1b：PRS 中推荐解释的自我参照对感知新颖性有正向影响。

Web 上的若干要素可以协助用户做出购物决策，当用户在网络上与其他人互动时，社会参照就可以发挥作用。社会参照代表了结果期望的一部分，它会影响用户考虑其他有相似兴趣的人的意见[338,340]。就用户依据推荐进行决策而言，对所推荐的信息给出详细的解释并且融入社会参照是很重要的，此外，他人与用户自身的相似性会使推荐结果更具吸引力。本书将社会参照定义为 PRS 与用户之间形成心理联系的程度，社会参照为用户建立了一个网络互动的环境，当用户想要做决策时，可以通过这个环境获得许多相关帮助[33]。在本书中，社会参照与用户的社会群体（如朋友）无关，相反，它是通过参考其他具有相似特征和偏好的用户来提供推荐的。例如，如果用户收到一个商品推荐，并且知道该推荐是基于相似用户的偏好，他们有可能对推荐结果给予积极的评价，从而更有可能购买推荐的商品。因此，社会参照会常常以外部刺激的形式影响用户决策[334]。因为采用 CF 算法的 PRS 是基于相似用户的偏好，PRS 可以影响用户对社会参照的高度感知，从而增加了用户对 PRS 的感知精确性[341]。基于相似用户的推荐可以解释他们的推荐理由，因为相似用户的经验可以增加目标客户对其精确性的感知[33]。基于以上，提出如下关于社会参照的假设：

H2a：PRS 中推荐解释的社会参照对感知精确性有正向影响。

根据社会认知学的研究，他人感知能使个人了解更多信息，社会参照能促进用户搜索，让他们获得关于许多意想不到的商品信息[341,342]。当个人通过社会参照获得商品的推荐时，如果推荐信息对他们来说是未曾见过的，那么感知新颖性就会增加。正如之前研究所述，当许多有用的商品被提供时，PRS 能参照其他用户的偏好与建议，同时可以减少新用户的搜索工作[50]。PRS 不断增加的社会参照可以为用户提供更精确的参考信息，但如果用户对推荐的商品已经很熟悉，这样的推荐就没那么有效了。因此，PRS 会过滤出那些用户已经对其进行评级的商品，或者它们之前已经接触过的商品。基于此原因，当一个推荐项目被排除在用户之外时，应该考虑到具有相似用户偏好的不同用户。当 PRS 向用户提供新颖的商品时，商品的新颖性推荐也应该包括相似用户的信息，因为它可以通过此信息识别出这些商品是意料之外的，并能反映相似用户的偏好，从而增加目标用户的感知新颖性。通过使用基于相似用户偏好的 PRS，用户可以从相似用户的行为中获得对他们来说新颖的商品推荐。因此，商品推荐系统的社会参照程度越高，用户感知越新颖。据此我们提出假设：

H2b：PRS 中推荐解释的社会参照对感知新颖性有正向影响。

5.1.2 信息质量感知与信息采纳意愿的关系

先前的研究已经提出改进推荐系统（就精确性而言）可以提高推荐的质量，从而使用户对 PRS 的采用感到满意，并且，在评价推荐系统的众多指标中，精确性和新颖性是最有效的。研究还表明，当用户认为推荐系统准确可靠时，用户满意度会因此而增加[343]。因此，基于相似用户的推荐也说明他们的推荐结果能反映出相似用户的经验，可以在提高目标用户感知精确性的同时提升用户对 PRS 的满意度[22]。

PRS 另一个特点是感知新颖性，它代表了用户对不熟悉的推荐项目的评价[43]。用户可能想体验之前没有看到过或体验过的相关推荐项目，收到新颖推荐的用户可能对他们未曾见过的推荐商品感到满意，因此，感知新颖性需要作为考虑用户评价推荐系统的一个指标[344]。收到新颖信息的用户倾向于更频繁地采纳推荐，而且，用户满意度并不总是与高推荐准确度相关[43]。例如，如果某商品在用户中非常流行，大多数用户可能已经拥有了此特定商品，在这种情况下，推荐系统的精确性可能不是很有效，而且仅仅提高 PRS 的精确性还不足以过滤那些用户已经熟悉的商品推荐。与此相对，PRS 的新颖性是另一个重要的特性，它可以控制不相关的推荐，并为用户提供新而有用的项目。有了新颖性，PRS 可以提供用户不熟悉的商品，也就是说，新颖的推荐有利于用户对推荐系统产生良好的感觉，感知新颖性可以提高用户对 PRS 的满意度[22]。综合以上分析，我们提出如下假设：

H3a：感知精确性对 PRS 的目标用户满意度有正向影响。

H3b：感知新颖性对 PRS 的目标用户满意度有正向影响。

用户可以使用推荐系统获得与他们的兴趣相关的准确推荐，提供准确推荐的 PRS 使用户更倾向于购买符合他们需求的推荐商品[22]。此外，与用户偏好相关的准确项目刺激了用户采纳意愿的形成。如果推荐系统的建议与用户偏好相匹配，感知精确性会促进用户对推荐系统的信任和积极评价，而这种匹配也会增加用户使用 PRS 的意愿，这样，感知精确性就会影响用户购买 PRS 所推荐商品的意向[345]。新颖的推荐还可以帮助用户减少搜索新商品的工作量，PRS 可以预测用户在寻找新商品时的需求，并且其所提供的新颖推荐可以增加用户购买这些商品的意愿[22]。当顾客遇到意想不到的新颖商品时，购买意向可能会增加，所以无论用户对 PRS 的满意度如何，感知新颖性都会增加冲动购买的可能性，而购买行为的产生缘于用户愿意采纳推荐信息[346]。基于此，我们提出假设：

H4a：感知精确性对采纳意愿有正向影响。

H4b：感知新颖性对采纳意愿有正向影响。

5.1.3 用户满意度与信息采纳意愿的关系

满意度被认为是决定用户态度的一个因素，对于在网络商店中销售的产品或服务来说，这是一个尤为重要的因素[347,348]。顾客满意体现在很多方面，任何网络商家都希望能够增加顾客满意度，很明显，拥有高满意度的 PRS 可以增加用户的采纳意愿。因此，PRS 目标用户的满意感会增加他们基于商品推荐的采纳意愿。基于以上分析，我们提出假设：

H5：PRS 的目标用户满意度对采纳意愿有正向影响。

根据上面的研究假设 H1～H5，提出研究二的概念模型框架，如图 5.1 所示。

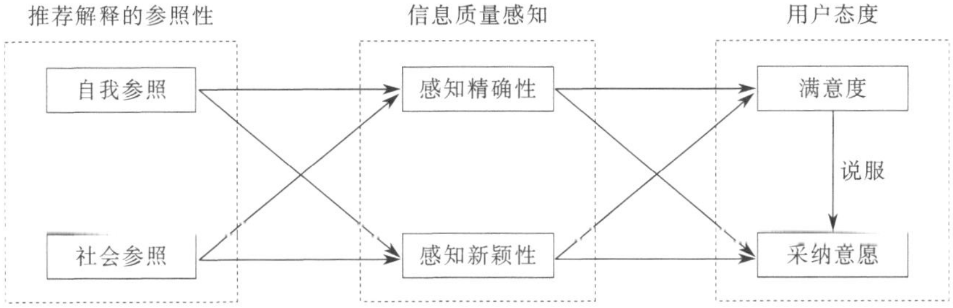

图 5.1 研究二的概念模型

5.2 实验设计与样本收集

5.2.1 实验设计

基于社会互动所产生的记录进行项目推荐，对于用户评价 PRS 所推荐信息的质量非常重要，然而，尚不存在普遍认同的方法可以测量与推荐相关的用户感知。本书旨在通过采用两种类型的社交界面来确认感知精确性和感知新颖性对他们采纳推荐商品态度的影响，这反映为基于社会互动的影响（即社会参照和自我参照）。我们采用了来自 Instagram 网络社区的 App 及描述，为了获得所有 App 的基本偏好数据，我们从 50 个早期评分者中挑选了前 50 个 App，并选取了安卓应用商店排名前 50 的 App 进行实验。

在开始阶段，我们从 50 个早期的评分者那里获得了 50 个用户对 App 的偏好，以获取 App 的基本偏好数据。一般来说，当收集到特定数量的偏好数据（超过 30 到 35 个）时，PRS 性能是可靠的[348]。这 50 名早期评分者被排除在主体实验的参与者之外。在收集了偏好数据之后，主体实验的参与者被问及在 20 个 App 中自己的偏好，CF 算法考虑用户对推荐 App 的偏好相似度（即，社会参照）生成推荐。在本书中，我们使用用户到用户的 CF 算法来识别具有相似偏好的用户，即

$$r_{i,j}=\frac{\mathrm{Cov}(i,j)}{\sigma_i\sigma_j}=\frac{\sum_{k=1}^{n}(S_{ik}-\overline{S}_i)(S_{jk}-\overline{S}_j)}{\sqrt{\sum_{k=1}^{n}(S_{ik}-\overline{S}_i)^2}\sqrt{\sum_{k=1}^{n}(S_{jk}-\overline{S}_j)^2}} \tag{5.1}$$

采用皮尔逊相关性计算用户之间的相似度，其中，$r_{i,j}$数是客户 i 和产品 j 之间的相关系数，S_i是客户 i 的评分值，S_j是产品 j 的评分值，$\overline{S}_i$ 是客户 i 的平均偏好得分，$\overline{S}_j$ 是产品 j 的平均偏好得分，n 为样本数。与协同过滤推荐算法不同，基于内容的推荐算法是通过比较用户个人信息和产品信息（如产品描述和特性）来生成类似产品或服务的自我参照方法。混合方法将协同过滤推荐算法和基于内容推荐算法相结合，或者以并行方式计算预测值，或者按顺序依次计算，以提高推荐性能[349]。每个小组的各自推荐算法具有不同的功能，可以通过丰富的信息界面生成推荐。

参与者在他们进入一个开始页面时被随机分配到 6 个小组中的一个，这些来自主要参与者和早期评分者的偏好数据被用来产生个性化的推荐。在评估了 20 个项目后，主要参与者根据他们的偏好接纳并评估了 5 项推荐。最后，每个小组的参与者被要求完成基于 Web 的调查问卷。

我们设计了 6 种类型的实验页面，以 6 种不同的方式提供 App 推荐。这是为了针对 PRS 确定社会参照和自我参照的不同作用，如表 5.1 所示。为了识别两

种社会互动因素（自我参照和社会参照），我们设计了项目到项目（自我参照）和用户到用户（社会参照）两组实验。由于 CF 算法具有这些因素的特征，因此，我们验证了实验设置操作。根据用户在 App 之间的不同偏好在 A 组和 B 组中使用项目到项目的 CF 算法来产生推荐。对于 B 组的每一项推荐，均提供一个推荐解释，因此，B 组被认为是支持 PRS 的自我参照组。

表 5.1　6 个实验小组：自我参照与社会参照

组别	推荐算法	推荐结果
A	项目到项目协同过滤	提供 App 推荐
B	项目到项目协同过滤	提供 App 推荐推荐解释（自我参照）
C	用户到用户协同过滤	提供 App 推荐
D	用户到用户协同过滤	提供 App 推荐推荐解释（社会参照）
E	混合法：用户到用户和项目到项目协同过滤	提供 App 推荐
F	混合法：用户到用户和项目到项目协同过滤	提供 App 推荐推荐解释（社会参照和自我参照）

将 C 组和 D 组作为社会参照组，并采用用户到用户的 CF 算法来提供推荐。为了增加社会参照，我们提供了相似用户列表，并根据用户到用户的 CF 算法生成推荐。最后，使用用户到用户和项目到项目的混合 CF 算法，为 E 组和 F 组生成推荐。混合 CF 算法整合了 B 组的自我参照和 D 组的社会参照，并得出了混合推荐的结果。因此，F 组的参与者被暴露于来自自我参照和社会参照的解释。B 组、D 组和 F 组基于他们如何生成推荐，解释了其推荐的理由，而 A 组、C 组和 E 组没有给出推荐解释。Choi 等（2011）研究了 PRS 有无推荐解释之间的不同效果[33]，研究结果表明，有推荐解释的 PRS 比没有推荐解释的 PRS 更有可能影响用户的行为。因此，在本书中考虑使用有推荐解释的 PRS。

参与者对这些推荐进行评估后，完成了基于 Web 的问卷调查。问卷采用由 28 个项目组成的李克特七级量表，测量量表是根据第 3 章的研究所解释的。需要指出的是，我们的自我参照调查项目与 PRS 的绩效有关，而自我参照与信息检索的“相关性”有关，即信息检索系统如何较好的检索出与主题相关的结果。当用户收到推荐时，他们觉得自我参照的推荐是 PRS 高绩效的结果。在这个实验中，我们给出了“因为你给 App 打分”作为一个自我参照的提示，因此，用户对 PRS 表现出的自我参照进行了回应。实验过程中，首先由两个信息系统

(IS) 研究人员和一个市场研究人员审查了测度工具。随后，应用软件推荐系统由 6 个用户组成的焦点小组进行了模糊评估。

5.2.2 实验样本收集

从北京、上海和深圳 3 个城市的智能手机用户群中招募了 156 名参与者，他们在 App 商店中使用了最少 3 个以上的 App，并且特别收集了 20 到 39 岁的青少年和成年人的样本。根据 CFI 组的报告，几乎所有在 20 到 39 岁之间的青少年和成年人都有使用移动商店的 App，最值得注意的是，本实验关注的是 App 的移动推荐系统。根据 Neilsen[350] 的调查，25 岁至 34 岁之间的安卓用户在其移动设备上的 Facebook App 最为活跃（81%），其次是 18 到 24 岁之间的用户（80%），35 岁至 44 岁的用户（77%）。基于对以上调查结果的参照，我们的 App 推荐系统的样本主要是 20 到 39 岁之间的青少年和成人，这有利于达到我们的研究目的。

表 5.2　参与者及 App 类别信息统计

组别	人数（百分比）	年龄	人数（百分比）	商品数量	
A	25（16.0）	19 岁以下	21（13.5）	0 个	39（25.0）
B	24（15.4）	20～29 岁	58（37.2）	1 个	14（9.0）
C	26（16.7）	30～39 岁	50（32.1）	2～3 个	23（14.7）
D	25（16.0）	40～49 岁	20（12.8）	4～5 个	13（8.3）
E	25（16.0）	50～59 岁	6（3.8）	6～8 个	10（6.4）
F	31（19.9）	60 岁以上	1（0.6）	9 个以上	57（36.5）
商品分类	数量（百分比）	App 分类	数量（百分比）	App 分类	数量（百分比）
电子书	29（18.6）	医药	4（2.6）	运动	14（9.0）
商业	34（15.4）	音乐	74（47.4）	旅游	16（10.3）
教育	38（16.7）	新闻	39（25.0）	通用软件	46（43.8）
娱乐	117（75.0）	天气	36（23.1）		
金融	3（1.9）	照片	43（27.6）	性别	人数（百分比）
生活	56（35.9）	参考资料	39（25.0）	男	109（69.9）
保健与医疗	22（14.1）	社交媒体	114（73.1）	女	47（30.1）

表 5.2 列出了参与者的人口统计信息以及商品类别信息，几乎所有受访者的年龄都在十几岁到 39 岁之间。Flurry[351]的研究发现，青少年群体经常玩免费游戏，并搜索这些 App，而付费游戏玩家多为 25～34 岁的年龄人群。年轻的玩家是免费增值游戏的主要用户，下载和使用的游戏比任何人都多。然而，年龄在 25～34 岁之间的玩家处于人口统计的中间，这些人群更多为免费增值游戏付费。这意味着 25～34 岁的群体有更多的钱，但没有青少年玩家那么多的空闲时间，因而愿意在游戏中帮助他们的项目买单。因此，在本实验中，认为青少年到 34 岁年龄组的回应更为重要。

为了调动受试者的参与积极性并提升调研数据的真实性，实验开始前用 30 元作为对随机抽取的 10%的参与者的奖励，并向参与者描述了 PRS 的特征和实验的过程。大多数实验参与者（69.9%）是男性，因为我们从与智能手机、移动设备和安卓用户相关的在线社区招募参与者，这些网络社区主要由在电子设备上寻找信息的男性组成。此外，大多数参与者（69.3%）年龄在 20 到 29 岁之间，超过 35%的参与者在前一个月使用了 9 个以上的 App，使用最频繁的是与娱乐、社交网络和音乐等有关的 App。

5.3　数据分析与假设验证

5.3.1　数据分析

对于测度工具的检验，我们首先进行了探索性因子分析（EFA）。由于因子载荷和交叉载荷过低，3 个题项（SAT1，SAT4，和 SAT6）被排除在感知新颖性之外。然后使用偏最小二乘法（PLS）和 Smart PLS 2.0 进行验证性因子分析（CFA）[352]。聚合效度指的是各测度项在测量潜变量时的作用程度，因为它们有相同方差。

表 5.3　聚合效度检验

构件	因子载荷	Cronbach's α	AVE	构件信度
自我参照	0.708，0.727，0.802，0.716	0.895	0.761	0.895
社会参照	0.771，0.785，0.818，0.781	0.879	0.742	0.879
采纳意愿	0.824，.0727，0.800，0.789	0.937	0.831	0.938
满意度	0.717，0.747，0.724，0.713	0.879	0.723	0.916
感知精确性	0.745，0.580，0.731，0.819	0.893	0.765	0.935
感知新颖性	0.751，0.779，0.708，0.755	0.895	0.761	0.937

Fornell 和 Larcker[320]（1981）提出了评价聚合效度的 3 个标准：第一，所有的因子载荷必须显著大于 0.7。在我们的研究中，所有因子载荷都显著大于 0.7，如表 5.3 所示。第二，各测度项之间的相关系数应大于 0.70。在我们的研究中，所有构件的信度都大于 0.70（自我参照＝0.895，社会参照＝0.879，精确性＝0.935，新颖性＝0.937，感知新颖性＝0.916，采纳意愿＝0.938）。第三，提取的平均方差（AVE）必须超过这些构件的测量误差引起的方差，这意味着 AVE 必须超过 0.50。在我们的研究中，AVE 的取值范围在 0.742 到 0.831 之间，所有构件的 Cronbach's α 值也大于 0.8，因此，聚合效度得到了支持。此外，我们检查了区别效度，即两个或两个以上构件在度量水平上理应不同。如果它的 AVE 值的平方根超过了该构件与其他潜变量之间的相关系数的平方根，则该构件的区别效度就存在。相关系数矩阵中对角线上显示的元素（表 5.4）是 AVE 的平方根，表 5.4 表明所有构件都具有区别效度。

表 5.4　构件间的相关系数

	自我参照	社会参照	感知精确性	感知新颖性	满意度	采纳意愿
自我参照	0.872					
社会参照	0.555	0.856				
感知精确性	0.661	0.529	0.869			
感知新颖性	0.660	0.463	0.760	0.872		
满意度	0.618	0.472	0.589	0.674	0.906	
采纳意愿	0.612	0.550	0.710	0.698	0.645	0.856

我们基于若干步骤评估了共同方法偏差检验（CMB test）。首先，这包括

Podsakoff 等（2003）提出的恰当的测度工具设计和数据收集过程[353]。在第二步中，基于 Sharma 等[354]（2009）和 Malhotra 等[355]（2006）提出的 Bentler & Bonnet 检测和 Harman 的单因素检测，利用我们的数据检验了共同方法偏差。虽然其中一个因子占总方差的 44%，但因子分析中未出现单一因子，也没有一个普通因子在这些度量中占据大部分协方差。没有单一因子控制总方差，表明不存在共同方法偏差。在第三步中，使用因子分析法检测了共同方法偏差，其指标包括了之前研究的所有主要构件指标。基于 Liang 等[356]（2007）所提出的方法，我们通过因子分析法对主要构件各测度项的方差做出了实质性解释。如表 5.5 所述，指标的平均实质性解释方差为 0.684。基于平均方法方差为 0.005，如果方法因子载荷较小，指标的实质性差异显著大于其方差，则共同方法偏差不是很明显。考虑到方法方差的小幅度和不显著性，共同方法偏差不大可能是本书中的一个严重问题。

表 5.5　共同方法偏差分析

构件	指标	实际因子载荷（R_1）	R_1^2	方法因子载荷（R_2）	R_2^2
社会参照	SP1	0.771	0.617	0.025	0.001
	SP2	0.836	0.726	0.012	0.000
	SP3	0.818	0.669	−0.008	0.000
	SP4	0.765	0.685	0.013	0.000
自我参照	SR1	0.779	0.607	0.031	0.001
	SR2	0.803	0.645	0.025	0.001
	SR3	0.910	0.828	0.018	0.000
	SR4	0.818	0.669	0.017	0.000
感知精确性	PA1	0.829	0.687	0.158	0.025
	PA2	0.810	0.656	0.161	0.026
	PA3	0.875	0.766	0.158	0.042
	PA4	0.765	0.685	0.070	0.005
感知新颖性	PN1	0.821	0.674	0.002	0.000
	PN2	0.892	0.796	−0.026	0.001
	PN3	0.845	0.714	0.007	0.000
	PN4	0.754	0.669	0.028	0.001

续表

构件	指标	实际因子载荷（R_1）	R_1^2	方法因子载荷（R_2）	R_2^2
满意度	SAT1	0.873	0.762	0.026	0.001
	SAT2	0.776	0.602	0.015	0.000
	SAT3	0.786	0.618	0.049	0.002
	SAT4	0.780	0.608	0.057	0.003
采纳意愿	IA1	0.886	0.785	−0.006	0.000
	IA2	0.856	0.733	0.010	0.000
	IA3	0.901	0.812	−0.013	0.000
	IA4	0.851	0.724	0.006	0.000
平均值		0.825	0.697	0.035	0.005

我们就感知的新颖性和精确性测试了自由和约束模型之间的区别。如果模型拟合度高，则区别效度得到识别。使用这个过程，构件与构件之间的 X^2 差异（$\Delta X^2=59.774$，$p=0.000$）显著，并且每个原始模型有一个更好的约束模型与之相匹配。结果表明，该测量模型明显优于其他模型。因此，我们验证了区别效度。

5.3.2 假设验证

1. 主效应验证

本书关注的是社会参照和自我参照对虚拟商品推荐系统的感知精确性和感知新颖性的影响，并通过给实验组分配不同的网页来研究这些影响。为了确定被操纵的设置之间的差异，我们进行了 ANOVA 分析，以比较社会参照和自我参照的组间差异，如表 5.6 所示，在 $p<0.00$ 时，社会参照和自我参照均有显著的群体差异。在社会参照方面，D 组和 F 组的值反映出对相似用户的推荐值，其值大于 C 和 E 组的值。此外，有解释（B 组和 F 组）的推荐组自我参照值大于没有给出推荐解释的 A 组和 E 组的值。

F 组的社会参照和自我参照值最高，C 组和 A 组的社会参照和自我参照值最低。根据 Duncan 的测试结果，D 组和 F 组具有明显不同的社会参照值，A 组和 E 组的值没有差异。在自我参照方面，虽然 B 组和 F 组的值大于 A 组和 E 组的值，但是 A 组和 E 组的值没有差异。

表 5.6　社会参照与自我参照的差异

维度	组别	*N*	*Order*	*Mean*	*S. D.*	*S. E.*	*F*	*Sig.*	Duncan's 检验
社会参照	C	26	4	3.732	1.259	0.248	25.133	0.000	C＝E＜D＜F
	D	25	2	4.951	0.983	0.198			
	E	25	3	4.041	1.134	0.228			
	F	31	1	5.767	0.399	0.073			
自我参照	A	25	4	4.131	1.022	0.205	4.221	0.007	A＝E＜B＜F
	B	24	2	4.803	0.979	0.201			
	E	25	3	4.341	1.139	0.226			
	F	31	1	5.089	1.247	0.227			

通过 ANOVA 分析，我们得到了 6 组对感知精确性和感知新颖性的不同影响的比较（表 5.7）。在 $p=0.01$ 水平下的 6 组 PRS 的感知精确性和感知新颖性均有显著差异。这表明，对其来源进行解释的推荐会影响用户对推荐的感知精确性。B 组（自我参照），D 组（社会参照），F 组（自我参照和社会参照）比非解释组（如 A 组、C 组和 E 组）表现出更佳的感知精确性和感知新颖性。与 E 组（没有解释）相比，F 组在社会参照和自我参照方面都表现出更佳的感知精确性和感知新颖性。根据 Duncan 的测试结果，A 组、C 组、E 组、D 组和 F 组的感知精确性和感知新颖性有显著差异。

表 5.7　感知精确性和感知新颖性比较

维度	组别	*N*	*Order*	*Mean*	*S. D.*	*S. E.*	*F*	*Sig.*	Duncan's 检验			
									1	2	3	4
感知精确性	C	26	6	3.953	1.141	0.224	8.464	0.000	3.953			
	E	25	5	4.171	1.182	0.237			4.171	1.171		
	A	25	4	4.401	1.027	0.206			4.401	4.401		
	B	24	3	4.751	1.229	0.252				4.751	4.751	
	D	25	2	5.291	0.774	0.156					5.291	5.291
	F	31	1	5.388	0.883	0.159						5.388

续表

维度	组别	*N*	*Order*	*Mean*	*S. D.*	*S. E.*	*F*	*Sig.*	Duncan’s 检验			
									1	2	3	4
感知新颖性	C	26	6	3.905	1.198	0.236	9.098	0.000	3.905			
	E	25	5	4.201	1.202	0.241			4.201	4.201		
	A	25	4	4.371	1.429	0.287			4.371	4.371		
	B	24	3	4.793	0.989	0.203				4.729	4.729	
	D	25	2	5.361	0.712	0.143					5.361	5.361
	F	31	1	5.469	0.943	0.169						5.469

我们使用 ANOVA 进一步测试了满意度和采纳意愿的小组操作（见表 5.8）。在 $p<0.01$ 的 6 组中，PRS 的采纳意愿和满意度均有显著差异。这表明，对其来源进行解释的推荐会不同程度地影响用户对 PRS 的满意度，并增加对推荐商品的采纳意愿。类似于感知精确性和感知新颖性的结果，B 组（自我参照）、D 组（社会参照）和 F 组（自我参照和社会参照）与没有推荐解释的组（如 A 组、C 组和 E 组）相比有更大的采纳意愿和满意度。值得注意的是，D 组（社会参照）可能比 B 组（自我参照）更能增加采纳意愿。然而，就 PRS 的满意度而言，B 组（自我参照）比 D 组（社会参照）更能满足用户的需求。对于 F 组，混合推荐所获得满意度和采纳意愿的分数最高。

表 5.8　采纳意愿与满意度比较

维度	组别	*N*	*Order*	*Mean*	*S. D.*	*S. E.*	*F*	*Sig.*	Duncan’s 检验			
									1	2	3	4
采纳意愿	C	26	6	3.761	1.409	0.277	6.133	0.000	3.761			
	E	25	5	4.401	1.369	0.273			4.401	4.401		
	A	25	4	4.462	1.302	0.261				4.611	4.611	
	B	24	3	4.991	1.132	0.232				4.991	4.991	
	D	25	2	5.291	0.907	0.182					5.307	
	F	31	1	5.307	1.254	0.226						

续表

维度	组别	*N*	*Order*	*Mean*	*S. D.*	*S. E.*	*F*	*Sig.*	Duncan's 检验			
									1	2	3	4
满意度	C	26	6	3.809	1.214	0.239	6.326	0.000	3.809			
	E	25	5	4.941	1.043	0.209			3.941			
	A	25	4	4.031	1.099	0.221			4.031			
	B	24	3	4.651	0.849	0.171				4.651		
	D	25	2	4.824	0.037	0.212				4.824		
	F	31	1	5.017	1.073	0.194				5.017		

我们使用 PLS 验证了我们的假设，结果如图 5.2 所示。假设 H1a 的路径系数（从自我参照到感知精确性）为正且显著（0.521，$p<0.01$）。因此，假设 H1a 得到支持，表明感知自我参照增加了 PRS 的信任感。同时，自我参照和感知新颖性之间的关系假设（H1b）得到支持，路径系数为 0.573（$p<0.01$）。社会参照正向影响感知精确性的假设（H2a）也得到支持，其路径系数为 0.223。此外，社会参照正向影响感知新颖性的假设（H2b）得到支持（$p<0.05$）。因此，感知社会参照增加了用户对推荐系统的感知精确性和感知新颖性，且感知自我参照增加了用户对推荐系统的感知精确性和感知新颖性。感知精确性正向影响用户的满意度（H3a）的假设得到支持，显著性路径系数为 0.405（$p<0.01$）。感知新颖性正向影响影响用户的满意度作为假设（H3b）也得到了支持，其显著性路径系数为 0.398（$p<0.01$）。

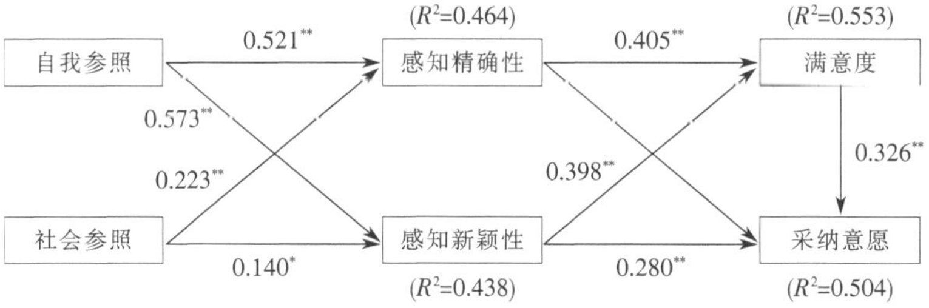

*:$p<0.05$；**:$p<0.01$，ns:insignificant at the level of 0.05.

图 5.2　假设检验结果

表 5.9 满意度、感知精确性和感知新颖性的中介效应

中介变量	路径检验路径	路径系数	*S. D.*	*S. E.*	*t*-value	*Sig.*	Sobel 检验	
							z-value	Sig.
采纳意愿（IA）	PA→IA	0.044	0.079	0.079	0.546	n. s.	2.749	0.006
	SAT→IA	0.326	0.079	0.079	4.093	$p<0.01$		
	PN→IA	0.280	0.125	0.125	3.038	$p<0.01$	2.439	0.015
	SAT→IA	0.326	0.079	0.079	4.093	$p<0.01$		
感知精确性（PA）	SR→SAT	0.167	0.068	0.068	2.479	$p<0.01$	2.729	0.006
	PA→SAT	0.405	0.128	0.128	2.867	$p<0.01$		
	SP→SAT	0.215	0.063	0.063	2.242	$p<0.01$	2.304	0.021
	PA→SAT	0.405	0.115	0.115	2.931	$p<0.01$		
感知新颖性（PN）	SR→SAT	0.167	0.068	0.068	2.479	$p<0.01$	2.582	0.010
	PN→SAT	0.397	0.119	0.119	2.654	$p<0.01$		
	SP→SAT	0.216	0.054	0.054	4.039	$p<0.01$	2.848	0.004
	PN→SAT	0.398	0.119	0.118	2.654	$p<0.01$		

虽然感知精确性与采纳意愿之间的关系（H4a）并不显著（$p>0.1$），但感知新颖性正向影响采纳意愿的假设（H4b）得到了支持，显著的路径系数为0.280（$p<0.05$）。这些结果表明，在对满意度和采纳意愿影响方面，感知精确性和感知新颖性分别扮演着不同的角色。

最后，我们还评估了用户对推荐信息的满意度以及推荐商品的采纳意愿。满意度正向影响采纳意愿作为假设（H5）得到支持，其显著的路径系数为0.326（$p<0.01$）。结果与之前的研究一致，表明增加用户的满意度可以进一步提升用户对推荐商品的采纳意愿。

2. **感知精确性、感知新颖性以及满意度的中介作用**

我们进一步验证了满意度、感知精确性和感知新颖性的中介效应（表5.9）。感知精确性（PA）部分提供了自我参照（SR）与满意度（SAT）及社会参照（SP）与满意度（SAT）之间的关系。我们还发现，感知新颖性（PN）在自我参照（SR）与满意度（SAT）及社会参照（SP）与满意度（SAT）之间起部分中介作用。

我们使用PLS回归（PLS-R）比较了感知精确性和感知新颖性对满意度的影

响路径。结合 PLS-R 和变量权重预测（VIP）对所选变量评分，以评估每个变量对模型的贡献。使用基于模型方法的优点是它更接近于模型性能，此外，通过这样做，我们可以将自变量之间的相关系数纳入重要计算中。

我们研究了变量的权重，以确定哪些变量致使模型具有统计显著性。变量的权重度量是基于标准回归系数的加权求和。加权求和值是一个递减函数，它是对所有的 PLS 成员求平方和，并分别计算出每个结果。为了检验自变量对因变量的不同贡献，变量加权值等于半偏相关系数的平方。如果自变量是相关的，那么半偏相关系数的平方表示给定自变量所解释的唯一方差。半偏相关是指因子对模型的单独贡献，在其他自变量的贡献被从当前预测因子中排除后，因变量与预测因子之间的关系。在这种情况下，偏相关系数的平方和小于 R^2，剩余解释的方差表示由多个变量解释的方差。表 5.10 描述了两个变量对满意度的影响和贡献，总结了前面的结果。我们认为满意度有良好的解释力（$R^2=0.565$），感知精确性对满意度的影响大于感知新颖性。为了计算每个自变量的贡献率，将因变量与自变量之间的相关系数相乘即得到自变量的路径系数。

表 5.10　感知精确性和感知新颖性对满意度的贡献率

	感知精确性	感知新颖性
相关系数	0.712	0.699
路径系数	0.405	0.398
相关系数 * 路径系数	0.288	0.278
R^2 贡献率（%）	50.864	49.138

感知精确性和感知新颖性的贡献分别为 0.288 和 0.278。可以看到，感知精确性对 R^2 有 51%的贡献。此外，感知新颖性对满意度的影响是对 R^2 贡献的 49%。据此，我们认为，感知新颖性和感知精确性是用户愿意采纳推荐的主要影响因素。

5.4　推荐解释的参照性对采纳意愿影响机制的分析结论

基于社会互动理论探讨了推荐解释的参照性对用户采纳意愿的影响，通过情景实验法与 SPSS 23.0 和 Smart PLS 2.0 统计分析工具考察了信息质量感知的中介作用以及满意度的中介作用。实验结果表明：

（1）社会参照和自我参照对信息采纳意愿具有正向影响作用，即 PRS 中的推荐解释的参照性，能够增加用户对推荐信息的采纳意愿。之前的研究表明社会参照可以用来评估 PRS 的效果，本书发现自我参照对于用户如何评价 PRS 在商品推荐的精确性和新颖性上的效果同样很重要。通过将交互界面和社交信息整合到商品推荐系统中，可以根据来自间接经历所获得的信息增加用户的自我和社会参照感。另外，通过综合两种类型算法的混合推荐，即用户到用户的 CF 和项目到项目 CF 算法，可以提高用户对推荐的信息质量感知。

（2）PRS 使用参照功能比没有该功能具有优越性. 在推荐结果中，那些包含参照功能的推荐解释会增加用户的感知精确性和感知新颖性。利用相似用户列表和自我标注的混合推荐系统最有效，提高了感知精确性和感知新颖性。然而，在未提供推荐解释的情况下给出的推荐并没有增强二者当中的任何一个，并且在他们对感知精确性和感知新颖性（A、C、E）的评价中也没有差异，尽管这些组提出了基于不同算法的推荐。也就是说，PRS 如果没有推荐解释，则不能提高用户对该推荐系统的感知效果。PRS 还可通过将推荐算法建立在用户个人信息上，确保其产生准确而新颖的推荐结果，这些精确而新颖的商品有助于提高用户从网络商店中获得 PRS 提供的相关商品的期望。

（3）具有社会参照和自我参照的虚拟商品推荐系统，使用相似用户的商品偏好能增强用户的感知新颖性，而感知新颖性直接增强了 PRS 的满意度和采纳意愿。虽然之前的研究关注的是 PRS 的精确性，但感知新颖性可能是 PRS 对用户满意度的另一个关键因素，来自 PRS 的新颖性是推荐绩效的一个重要特性。对于大多数意图而言，推荐目的与发现用户不能独自发现的概念有内在联系。感知精确性在现有系统中无法获取用户满意之外更多其他方面，这意味着用户对推荐系统的满意度不仅与系统推荐的准确度有关，还与它是否支持用户基于新项目生成的决策行为有关。因此，推荐系统应该同时提供新颖而准确的推荐，以增加用户的满意度和采纳意愿。

5.5 本章小结

本章主要针对第 3 章提出的第二个关键问题，较为系统和深入地研究了 PRS 中推荐解释的参照性对用户采纳意愿的影响机制。为了方便阐述，将本章的研究称为研究二，主要进行了如下研究工作：

首先，依据信任系统成功模型以及其他相关理论，确定了研究二的主要研究变量，其中推荐解释的参照性（包含自我参照与社会参照两个维度）为自变量，信息采纳意愿为因变量，信息质量感知（包含感知精确性与感知新颖性两个维度）以及满意度为中介变量。在此基础上，提出了研究二中各变量之间的关系假设，并形成其概念模型，为接下来的实证检验做好铺垫。

然后，通过情景实验与问卷调查相结合的方法，获取相关变量的测量数据，具体包括自我参照、社会参照、感知精确性、感知新颖性、满意度和信息采纳意愿共 6 个变量。在此基础上，通过 SPSS 23.0 和 Smart PLS 2.0 等工具对获取原始数据进行参照第 3 章所描述的具体过程进行严格的信效度检验，并对有效数据进行统计分析。

最后，依据数据分析结果，对研究二提出的关系假设进行了一一验证，并归纳出其所对应研究结论。

第 6 章 推荐解释的契合性对采纳意愿的影响机制

本章在第 3 章构建的整体理论模型的基础上，针对第三个关键问题（对应研究三）展开较为系统深入的研究。首先提出研究三的关系假设，并建立其概念模型；然后通过情景实验与问卷调查两种研究方法相结合获取相关数据，采用 SPSS 23.0 和 MPLUS 7.0 等工具对有效数据进行统计分析；最后，对研究三中的关系假设进行检验与论证，并得出相应研究结论。

6.1 推荐解释的契合性对采纳意愿影响机制的关系假设

6.1.1 推荐解释的契合性与信息采纳意愿的关系

前文提到，推荐解释的目的在于消除用户在获取信息时所遇到的疑惑，是推荐系统与用户之间的“桥梁”。根据解释水平理论，推荐解释的契合性是指推荐系统对推荐原因的解释与用户对推荐结果的认知、理解及预期相匹配的特征，这种匹配程度越高，表示推荐解释的契合性越好，说明推荐解释所扮演的“桥梁”角色在商家与用户之间所起到的沟通和衔接作用越大。有学者把口碑看作推荐的一种重要形式，如 Baber 等[357]（2016）发现口碑形式的推荐会影响用户的态度进而影响用户的购买行为，左文明等[358]（2014）发现网络用户评价的正面与负面会影响用户的采纳意愿。另外，Sikora 等[359]（2012）指出推荐系统可以帮助用户整理与分析信息，若用户了解到的产品信息越多，心理距离越小，则用户采纳推荐信息可能性越大。基于以上的分析，我们提出下面的假设：

H1：高契合度推荐解释比低契合度推荐解释更能激发用户的采纳意愿。

6.1.2　推荐解释的契合性与心理抗拒的关系

推荐解释的契合性可视为信息质量感知中的一种特殊的用户感知，有学者研究发现，相对单面信息而言，双面信息更能减少用户的心理抗拒对购买意愿的影响。在笔者看来，信息的双面性与推荐解释的契合性本质上都是信息特性的反映。查金祥等[360]的研究发现，信息质量感知比用户期望值高时，用户将感到满意；信息质量感知比用户期望值低时，用户会感到失望。当客户感知到信息质量水平不高时，比如推荐解释契合度偏低，甚至推荐的商品离自身需求的偏差较大，顾客会有一种不满意或失落感，此时，如果商家继续照此方式进行推荐与解释，势必引起客户的心理抗拒。冯娇等[361]的研究发现，用户接收到大量的强相关信息有助于刺激其采纳意愿，但当用户接收到的弱相关信息越多，用户就越容易产生厌恶情绪。另外，用户在选择某商品时，会受到时间和信息处理能力的限制，当用户感知到推荐解释契合度不高时，往往会因为时间压力等因素更容易产生强迫性感受[362]。基于以上分析，我们提出如下假设：

H2a：低契合度推荐解释比高契合度推荐解释可能给用户带来更多的强迫性感受。

H2b：低契合度推荐解释比高契合度推荐解释可能给用户带来更多的操纵意图推断。

6.1.3　心理抗拒与信息采纳意愿的关系

早期有学者通过对弹出式广告的研究发现，不请自来的商业广告信息打断了用户的正常浏览，在这种情况下会引起用户的心理逆反或抗拒。许多主动式推荐信息起到适得其反的效果，一方面，这是因为它是在用户事先无准备情况下的不速之客，影响了用户正常操作的进程[206]；另一方面，如果推荐信息（如视频广告）的展示较为频繁，劝导用户购买的意图过于明显，会使用户产生操纵意图推断，用户可能会因此而产生心理抗拒。虽然有学者发现，弹出式广告若能通过优化措施，如合理利用动画、视频等形式增加趣味性，但是 PRS 中推荐解释的契合性与弹出式广告的效果相比有不一样的要求和适用条件。推荐解释既是一种

"说明"性信息，同时又带有"说服"的目的，因此，良好的推荐解释契合性不仅要强调解释形式是否能为用户所接受，更主要的是其解释内容能否契合用户的心理需求。Lee & Lee[214]和杜鹃等[363]（2019）的研究发现，过于明显的劝说和诱导在某些场合下会干扰用户的选择自由，从而引发用户的心理抗拒。基于以上分析，提出如下假设：

H3a：强迫性感受对用户采纳意愿可能会有负向影响，并结合假设 H2a 一起认为，强迫性感受在推荐解释的契合性对用户采纳意愿的影响中起中介作用。

H3b：操纵意图推断对用户采纳意愿可能会有负向影响，并结合假设 H2b 一起认为，操纵意图推断在推荐解释的契合性对用户采纳意愿的影响中起中介作用。

6.1.4 参照性/涉入度、契合性、心理抗拒与采纳意愿的关系

相同的推荐解释契合度，当参照性不同时，所引发的心理抗拒进而对采纳意愿的影响也会存在差异。Nussbaum 等[105]发现人们在不同情境下对风险偏好进行预测时会存在系统性偏差，当预测对象为自己（自我参照）时，人们更多倾向于低风险偏好；而预测对象为他人（社会参照）时，人们往往基于风险中性甚至高风险偏好做出预测。Liberman 等[110]指出，解释水平与心理距离的影响关系是双向的，即解释水平的高低也影响着心理距离的远近，而心理距离的远近影响解释水平的高低。Zhao 和 Xie[364]（2011）指出，如果是朋友和亲人提供建议，那么该建议对个体近时间距离下的决策会带来更少的心理抗拒；而如果是陌生人提供建议，该建议对个体远时间距离下的决策会带来更少的心理抗拒。崔起等[365]（2014）在研究防御型定向和促进型定向的用户对网络评价的反应时发现，参照性对其二者的关系均起到显著的调节作用，即当用户在帮助他人做购买决策时（表现为促进型定向），明显比为自身做购买决策时（表现为防御型定向）更倾向于从长远考虑，相对不太容易产生逆反心理。

另外，根据涉入度理论，不同产品的差异和不同用户的差异形成了涉入度的差异，即产生了高涉入度和低涉入度之分。高涉入度的用户由于对产品性能不熟悉，在购买时会花费大量时间和精力用于产品的信息收集；反之，低涉入度的用户由于经常购买，熟知产品性能，无需花费过多的时间进行信息搜寻[246]。因此，相较于低契合度的推荐解释，高契合度的推荐解释更能满足用户的心理预期，对

于高涉入度用户而言，这种满足将有利于减少甚至消除用户的心理抗拒；相反，低契合度推荐解释可能会给高涉入度用户造成更大的时间压力，进而引发用户的心理抗拒。然而，对于低涉入度用户而言，根据精细信息加工可能性理论，由于用户在采纳信息时会选择“边缘路径”，相对来说时间压力要小，故用户因低契合度推荐解释而产生心理抗拒的可能性也会随之减少[364,366]。基于以上分析，结合前文中的假设 H3a 和 H3b，提出以下假设：

H4a：参照性会调节推荐解释的契合性对强迫性感受的影响，并进而影响采纳意愿。即在社会参照情境下，高契合度推荐解释会引起更少的强迫性感受并进而影响采纳意愿；而在自我参照情境下，低契合度推荐解释会引起更多的强迫性感受进而影响采纳意愿。而且在社会参照情境下，高契合度与低契合度推荐解释引起的强迫性感受的差异比自我参照情境下的差异要小。

H4b：参照性会调节推荐解释的契合性对操纵意图推断的影响，并进而影响采纳意愿。即在社会参照情境下，高契合度推荐解释会引起更少的操纵意图推断并进而影响采纳意愿；而在自我参照情境下，低契合度推荐解释会引起更多的操纵意图推断进而影响采纳意愿。而且在社会参照情境下，高契合度与低契合度推荐解释引起的操纵意图推断的差异比自我参照情境下的差异要小。

H5a：涉入度会调节推荐解释的契合性对强迫性感受的影响，并进而影响采纳意愿。即在低涉入度情境下，高契合度推荐解释会引起更少的强迫性感受并进而影响采纳意愿；而在高涉入度情境下，低契合度推荐解释会引起更多的强迫性感受进而影响采纳意愿。而且在低涉入度情境下，高契合度与低契合度推荐解释引起的强迫性感受的差异比高涉入度情境下的差异要小。

H5b：涉入度会调节推荐解释的契合性对操纵意图推断的影响，并进而影响采纳意愿。即在低涉入度情境下，高契合度推荐解释会引起更少的操纵意图推断并进而影响采纳意愿；而在高涉入度情境下，低契合度推荐解释会引起更多的操纵意图推断进而影响采纳意愿。而且在低涉入度情境下，高契合度与低契合度推荐解释引起的操纵意图推断的差异比高涉入度情境下的差异要小。

根据上面的研究假设 H1～H5，提出研究三概念模型框架，如图 6.1 所示。

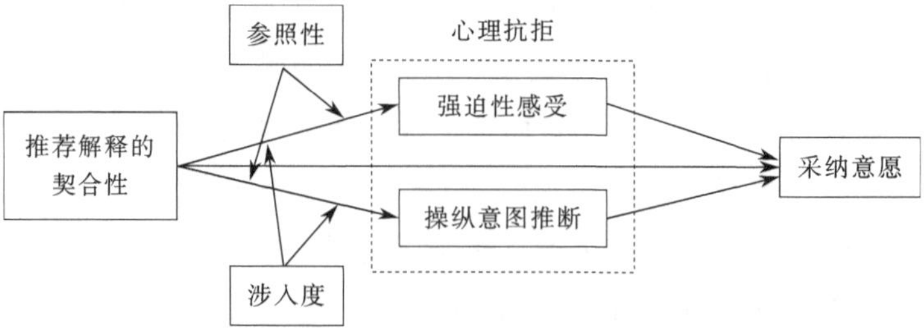

图 6.1　子研究三的概念模型

6.2　推荐解释的契合性对采纳意愿影响机制的实验设计

6.2.1　实验要点

实验设计分预实验和正式实验两阶段进行，通过预实验，判定相同类别的受试对象、不同的推荐解释信息是否对应高、低两种不同的契合度水平。在预实验的基础上，通过正式实验进一步检验推荐解释的契合性在心理抗拒的中介作用和参照性/涉入度的调节效应下对用户采纳意愿的影响。实验平台选择中国大型B2C电子商务平台京东商城，确定笔记本电脑为用户所要选购的商品。

实验一：考察推荐解释的契合性高、低水平之区分

实验一的主要目的是检验和区分推荐解释的契合性高、低两种不同水平。预实验开始之前，受试者被告之本实验不涉及任何个人隐私信息的披露问题，让受试者可以放心地根据自己的真实想法进行操作。首先给两组受试者呈现相同的推荐商品和不同的推荐解释信息，然后让受试者对两种不同契合性水平的推荐解释信息进行评定（“推荐解释的契合性”，1＝低契合度，7＝高契合度）；最后统计被试是否能够有效地判断出所接收推荐解释信息契合性水平的高与低。需要说明的是，问卷中所有量表均为李克特七级量表。其中的推荐商品为笔记本电脑，针对两组受试者分别提供不同的推荐解释信息，为了观察得直观明了，采用静态推荐解释的形式，即推荐解释信息以文字、图片和动画等形式展示，用户无需与推荐系统进行交互。第一组受试者得到的关于笔记本电脑的推荐解释信息只以一些漂亮的图片的形式呈现，辅之以简要的文字进行说明，如笔记本电脑诉名称、型号和尺寸等，不提供更多专业性的参数或将这些具体参数信息放置于二级页面中。第二组受试者除了提供以上的基本推荐解释信息外，还在推荐商品（即笔记本电脑）所在当前页面提供更为专业的参数信息。

从南方的 4 所高校（其中本、专科院校各两所）中的计算机院系招募了 80 名被试，其中男生 50 名、女生 30 名，随机分为两组。之所以只从计算机院系挑选受试者，是因为学计算机专业的学生对电脑硬件知识比较熟悉，对电脑配置的推荐解释信息的不同契合性水平相对敏感。预实验的结果表明，第一组和第二组的推荐解释契合度的得分平均数分别为 2.02 和 6.00，两者均值差异为－3.98，并且均值都远离中值 4，分别趋近 1（低契合度）和 7（高契合度）。t 检验的结果表明两组实验数据在统计学上差异显著，由此可知，受试者能够区分出推荐解释契合性的高、低两种不同水平。

实验二：考察心理抗拒的中介作用和参照性的调节效应

实验二在实验一的基础上做进一步分析与验证，主要考察推荐解释的契合性在心理抗拒的中介作用和参照性的调节效应下对用户采纳意愿的影响。设计参照性（自我参照、社会参照）×高低两种水平的推荐解释契合度（低契合度、高契合度）4 组组内因子实验。我们从南方的 4 所高校（其中 985 高校、211 高校、双非本科高校和专科院校各一所）中的计算机院系招募了 160 名被试（平均每所高校 40 人），其中男生 101 人，女生 59 人，所有受试者被随机分到 4 个实验组（每组 40 人），分别为 A 组（低契合度×自我参照）、B 组（高契合度×自我参照）、C 组（低契合度×社会参照）和 D 组（高契合度×社会参照）。

实验二开始之前，首先由实验员对实验规范和注意事项进行宣读，然后指导受试者打开事先在电脑里面准备好的问卷系统和实验平台。为了提高参与者的积极性，以保证实验操作的准确性和回答问题的真实性，向每个受试者发放 20 元作为奖励，在所有受试者收到奖励后，开始整个实验操作。首先再次强调在实验过程中，不允许受试者互相交流；然后给不同的受试者呈现相同的推荐商品（即笔记本电脑）、不同的推荐解释信息和不同的参照性描述；最后让所有受试者通过问卷系统回答事先准备好的问卷题项，评定自己的强迫性感受和操纵意图推断，以及对所推荐的笔记本电脑的采纳意愿，并填写个人的基本信息，如年龄、性别等。

操控性实验全部完成后，由实验员对问卷系统中的每份问卷进行逐一核查。

通过检查发现，有的问卷缺失值过多，有的虽然全部回答但有效性不高（如许多连续选项的答案均相同）。在对诸如此类不符合要求的问卷做出剔除处理后，最终得到有效问卷144份（包括男生问卷92份，女生问卷52份），A、B、C和D组4组有效问卷均超过了35份。其中，男生有效问卷回收率为91.09%，女生有效问卷回收率为88.14%，总的有效问卷回收率为89.62%，问卷回收率较高，符合基本要求。需要说明的是，无论是受试者性别比还是有效问卷对应的性别比，都是男性高于女性（男女比例接近2∶1），主要原因是大部分高校学计算机专业的男生多于女生，男女生平均比例在2∶1左右。

实验三：考察涉入度的调节效应

实验三将在实验一和实验二的基础上做进一步分析与验证，主要考察涉入度的调节作用下推荐解释的契合性通过心理抗拒（强迫性感受、操作意图推断）影响用户采纳意愿的过程机制。设计高低两种水平的涉入度（低涉入度、高涉入度）×高低两种水平的契合性（低契合度、高契合度）4组组内因子实验，具体实施过程与实验二基本相同，在此不再重复描述。

6.2.2 测量设计

推荐解释的契合性（自变量）水平的区分通过实验操纵实现，除此之外，采纳意愿（因变量）、心理抗拒（中介变量）和参照性/涉入度（调节变量）的测量均借用成熟且经实证检验的量表完成（详见第3章）。控制变量为受试者的性别、年龄、受教育程度和月收入等统计指标，采用李克特七级量表进行评测，评分值从1到7，分别表示“完全同意”“不同意”“比较不同意”“不确定”“比较同意”“同意”“完全同意”。

6.3 推荐解释的契合性对采纳意愿影响机制的过程分析

6.3.1 数据分析

通过SPSS 23.0对各变量的信度进行分析，结果表明各变量对应量表的Cronbach's α值及其组合信度（CR）均大于0.7，说明各量表具有较高的内部一致性，信度较高。效度方面，采用 MPLUS7.0 进行验证性因子分析，结果表明，所有构件的因子载荷均大于 0.5，平均方差提取值（AVE）均大于 0.5，可见各量表具有良好的聚合效度。而且，各变量的 AVE 平方根值均大于与其变量之间的相关系数，可见各量表具有良好的区别效度。

6.3.2　假设验证

1. 强迫性感受的中介作用和参照性/涉入度的调节效应

推荐解释的契合性对用户采纳意愿的影响分析结果如表 6.1 所示。

表 6.1　推荐解释的契合性对用户采纳意愿的影响

类别	*N*	*M*	*SD*	*t*	*p*	*LLCI*	*ULCI*
低契合度	80	3.117	1.006	−9.473	0.000	−2.154	−1.413
高契合度	80	4.913	1.035				

注：*N* 为被试数，*M* 为均值，*SD* 为标准差，*LLCI* 为 95%置信区间下限，*ULCI* 为 95%置信区间上限。

首先，通过对推荐解释的契合性进行编码（低契合度=0，高契合度=1），再进行独立样本 t 检验分析，结果显示，推荐解释的低契合度与高契合度所对应的采纳意愿差异显著［$M_{低契合度}=3.117$；$M_{高契合度}=4.913$；t（142）=−9.473，$p<0.05$］，可见相对于低契合度推荐解释，推荐解释契合度高的情境下用户会有更高的采纳意愿。因此，假设 H1 得到验证。

然后分析推荐解释的契合性对强迫性感受的影响，同样采用独立样本 t 检验，结果显示，相对于高契合度推荐解释，低契合度推荐解释会使用户产生更多的强迫性感受［$M_{低契合度}=4.868$；$M_{高契合度}=4.009$；t（142）−4.507，$p<0.05$］，两者差异显著，因此，假设 H2a 得到验证。

参照性对推荐解释的契合性影响强迫性感受的调节效应分析如表 6.2 所示。通过双因素 ANOVA 分析，结果显示，参照性与推荐解释的契合性对强迫性感受的交互作用显著［F（1，140）=7.858，$p<0.05$］；推荐解释的契合性的主效应显著［F（1，140）=98.704，$p<0.05$］，参照性的主效应也显著［F（1，140）=486.467，$p<0.05$］。这充分说明在自我参照情境下，推荐解释的低契合度较之高契合度使用户产生更多的强迫性感受［$M_{低契合度}=5.947$；$M_{高契合度}=4.853$］；而在社

会参照情境下，虽然低契合度推荐解释比高契合度推荐解释会使用户产生更多的强迫性感受［$M_{低契合度}=3.812$；$M_{高契合度}=3.186$］，但低契合度与高契合度引起的强迫性感受的差异比自我参照情境下要小。这表明参照性会调节推荐解释的契合性对强迫性感受的影响，如图 6.2 所示，假设 H4a 的前半部分得到验证。

表 6.2　参照性/涉入度对推荐解释的契合性影响强迫性感受的调节效应

类别	*SS*	*df*	*MS*	*F*	*p*
推荐解释的契合性	22.862	1，140	22.862	98.704	0.000
参照性	110.952	1，140	110.952	487.579	0.000
契合性 * 参照性	1.935	1，140	1.935	7.871	0.000
涉入度	109.841	1，140	109.841	486.467	0.000
契合性 * 涉入度	1.824	1，140	1.824	7.869	0.000

注：*SS* 为Ⅲ型平方和，*df* 为自由度，*MS* 为均方差。

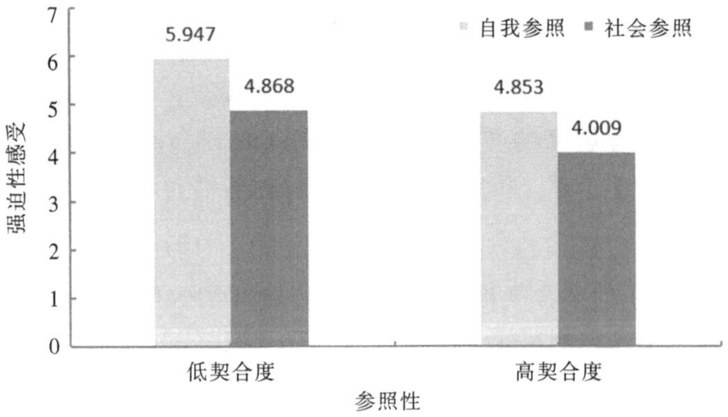

图 6.2　参照性对推荐解释的契合性影响强迫性感受的调节效应

涉入度对推荐解释的契合性影响强迫性感受的调节效应分析如表 6.2 所示。通过双因素 ANOVA 分析，结果显示，涉入度与推荐解释的契合性对强迫性感受的交互作用显著［$F(1, 140)=7.869$，$p<0.05$］；推荐解释的契合性（自变量）的主效应显著［$F(1, 140)=98.715$，$p<0.05$］，涉入度（调节变量）的主效应也显著［$F(1, 140)=487.578$，$p<0.05$］。这充分说明在高涉入度情境下，推荐解释的低契合度较之高契合度使用户产生更高的强迫性感受［$M_{低契合度}=6.058$；$M_{高契合度}=4.847$］；而在低涉入度情境下，虽然低契合度推荐解释比高契合度推荐解释会使用户产生更多的强迫性感受［$M_{低契合度}=3.819$；

$M_{高契合度}$=3.154]，但低契合度与高契合度引起的强迫性感受的差异比高涉入度情境下要小。这表明涉入度会调节推荐解释的契合性对强迫性感受的影响，如图 6.3 所示。因此，假设 H5a 的前半部分得到验证。

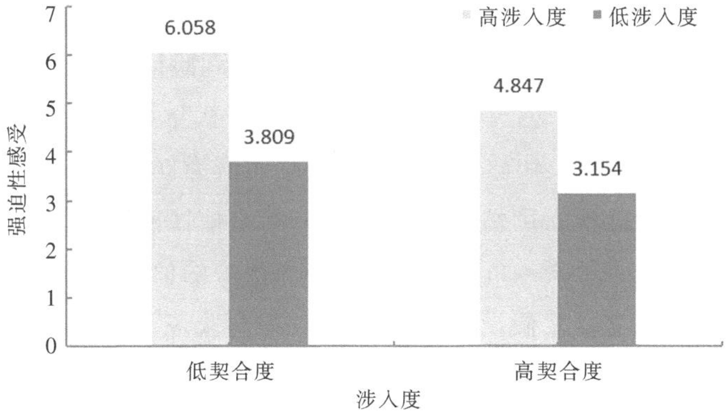

图 6.3　涉入度对推荐解释的契合性影响强迫性感受的调节效应

强迫性感受在推荐解释的契合性与用户采纳意愿关系中的中介作用分析结果如表6.3 所示。通过对强迫性感受在推荐解释的契合性与采纳意愿关系中的中介作用分析，结果显示，强迫性感受对用户采纳意愿有显著的负向影响 [F (1, 140) = 182.427, $p<0.05$]，标准化回归系数为 $\beta=-0.789$ [t (1, 142) = −13.607, $p<0.05$]。假设 H3a 的前半部分得到验证。

表 6.3　强迫性感受在推荐解释的契合性与采纳意愿关系中的中介作用

类别	参照性/涉入度	*Effect*	*SE*	*t*	*p*	95%置信区间 *CI*	
						下限 *LLCI*	上限 *ULCI*
直接效应	—	0.430	0.047	8.879	0.000	0.334	0.536
中介作用	自我参照	0.299	0.042	—	未含 0	0.206	0.396
	社会参照	0.178	0.038	—	未含 0	0.108	0.257
	高涉入度	0.301	0.053	—	未含 0	0.217	0.405
	低涉入度	0.189	0.041	—	未含 0	0.119	0.268

注：*Effect* 为效应值，*SE* 为标准误。

将所有变量的参数进行标准化后，根据 Zhao 等[330] 推荐的中介效应分析方法，同时借鉴 Preacher 等[331]和 Hayes[332]推荐的 Bootstrap 方法进行中介效应检验，设定样本量为 5 000。在自我参照情境下，对于 95%置信区间，中介检验的结果未包含 0（*LLCI*＝0.206，*ULCI*＝0.396），并且中介效应的值为 0.299，可见强迫性感受的中介作用显著；在社会参照情境下，对于 95％置信区间，中介效应结果未包含 0（*LLCI*＝0.108，*ULCI*＝0.257），并且中介效应的值为 0.178，可见强迫性感受的中介作用也显著。故假设 H4a 后半部分得到验证，结合已经得到验证的 H4a 前半部分，整个假设 H4a 得到验证。

在高涉入度情境下，对于 95％置信区间，中介检验的结果未包含 0（*LLCI*＝0.217，*ULCI*＝0.405），并且中介效应的值为 0.301，可见强迫性感受的中介作用显著；在低涉入度情境下，对于 95％置信区间，中介效应结果未包含 0（*LLCI*＝0.119，*ULCI*＝0.268），并且中介效应的值为 0.189，可见强迫性感受的中介作用也显著。故假设 H5a 后半部分得到验证，结合已经得到验证的 H5a 前半部分，整个假设 H5a 得到验证。

在控制中介变量强迫性感受后，推荐解释的契合性对用户采纳意愿的影响仍然显著（*LLCI*＝0.334，*ULCI*＝0.536，未包含 0），效应大小为 0.430，可见强迫性感受在推荐解释的契合性对用户采纳意愿的影响中仅起到部分中介作用。故 H3a 的后半部分得到验证，结合已经得到验证的前半部分，整个 H3a 得到验证。

2. 操纵意图推断的中介作用和参照性/涉入度的调节效应

首先分析推荐解释的契合性对消费者操纵意图推断的影响，进行独立样本 t 检验分析，结果表明，相对于推荐解释高契合度，推荐解释低契合度会使消费者产生更多的操纵意图推断［$M_{低契合度}=5.522$；$M_{高契合度}=3.539$；$t(142)=13.977$，$p<0.05$］，两者差异显著，因此，假设 H2b 得到验证。

参照性对推荐解释的契合性影响操纵意图推断的调节效应分析如表 6.4 所示。通过双因素 ANOVA 分析，结果显示，参照性与推荐解释的契合性对操纵意图推断的交互作用显著［$F(1, 140)=19.528$，$p<0.05$］；推荐解释的契合性（自变量）［$F(1, 140)=168.350$，$p<0.05$］，参照性（调节变量）的主效应也显著［$F(1, 140)=501.856$，$p<0.05$］。这充分说明在自我参照情境下，推荐解释的低契合度较之高契合度使用户产生更高的操纵意图推断［$M_{低契合度}=6.212$；$M_{高契合度}=4.847$］；而在社会参照情境下，虽然低契合度推荐解释比高契合度推荐解释会使用户产生更多的操纵意图推断［$M_{低契合度}=3.809$；$M_{高契合度}=3.154$］，但低契合度与高契合度引起的操纵意图的差异比自我参照情境下要小。

这表明参照性会调节推荐解释的契合性对操纵意图推断的影响，如图 6.4 所示。因此假设 H4b 的前半部分得到验证。

表 6.4　参照性/涉入度在推荐解释的契合性与操纵意图推断关系中的调节效应

类别	*SS*	*df*	*MS*	*F*	*p*
推荐解释的契合性	40.453	1，140	40.453	168.350	0.000
参照性	120.579	1，140	120.579	501.856	0.000
契合性 * 参照性	4.578	1，140	4.578	19.528	0.000
涉入度	119.468	1，140	119.468	499.745	0.000
契合性 * 涉入度	4.467	1，140	4.467	18.417	0.000

注：*SS* 为Ⅲ型平方和，*df* 为自由度，*MS* 为均方差。

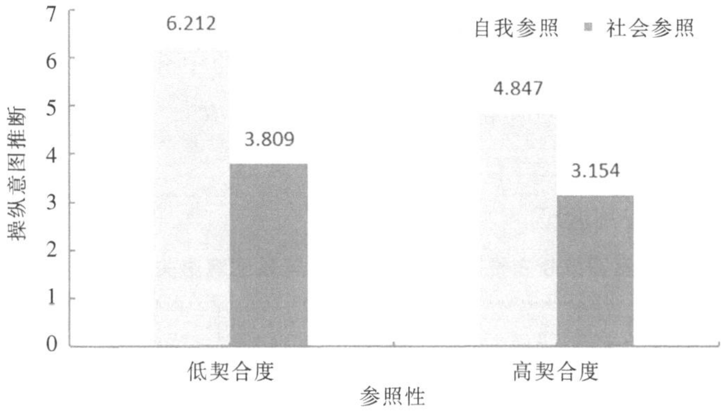

图 6.4　参照性对推荐解释的契合性影响操纵意图推断的调节效应

涉入度对推荐解释的契合性影响操纵意图推断的调节效应分析如表 6.4 所示。通过双因素 ANOVA 分析，结果显示，涉入度与推荐解释的契合性对操纵意图推断的交互作用显著 [$F(1, 140)=19.639$，$p<0.05$]；推荐解释的契合性（自变量）[$F(1, 140)=168.461$，$p<0.05$]，涉入度（调节变量）的主效应也显著 [$F(1, 140)=501.967$，$p<0.05$]。这充分说明在高涉入度情境下，推荐解释的低契合度较之高契合度使用户产生更高的操纵意图推断 [$M_{低契合度}=5.934$；$M_{高契合度}=4.569$]；而在低涉入度情境下，虽然低契合度推荐解释比高契合度推荐解释会使用户产生更多的操纵意图推断 [$M_{低契合度}=3.718$；$M_{高契合度}=3.032$]，但低契合度与高契合度引起的操纵意图的差异比高涉入度情境下要小。这表明涉入度会调节推荐解释的契合性对操纵意图推断的影响，如图 6.5 所示。因此，假设 H5b 的前半部分得到验证。

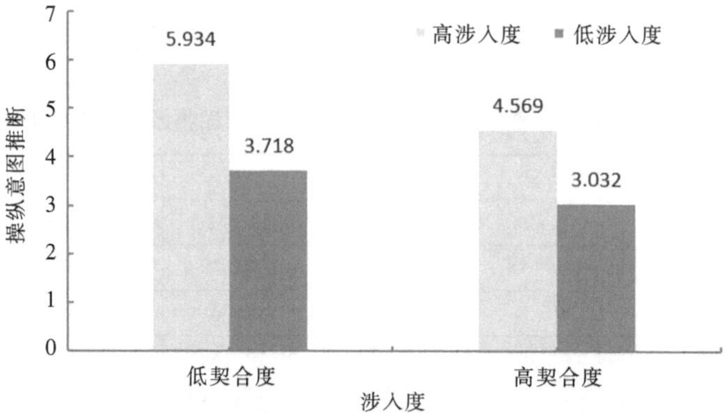

图 6.5 涉入度对推荐解释的契合性影响操纵意图推断的调节效应

操纵意图推断对推荐解释的契合性影响用户采纳意愿的中介作用分析结果如表 6.5 所示。通过对操纵意图推断对用户采纳意愿的中介作用分析，结果显示，操纵意图推断对用户采纳意愿的负向影响显著［F（1，140）＝220.896，$p<0.05$］，标准化回归系数为 $\beta=-0.806$［t（1，142）＝−14.857，$p<0.05$］。假设 H3b 的前半部分得到验证。

表 6.5 操纵意图推断在推荐解释的契合性与采纳意愿关系中的中介作用

类别	参照性/涉入度	*Effect*	*SE*	*t*	*p*	95%置信区间 *CI*	
						下限 *LLCI*	上限 *ULCI*
直接效应	—	0.361	0.042	7.256	0.000	0.270	0.482
中介效应	自我参照	0.393	0.459	—	未含 0	0.312	0.498
	社会参照	0.195	0.054	—	未含 0	0.129	0.265
	高涉入度	0.382	0.448	—	未含 0	0.301	0.487
	低涉入度	0.184	0.043	—	未含 0	0.118	0.254

注：*Effect* 为效应值，*SE* 为标准误。

对所有变量做标准化处理，根据 Zhao[330] 等、陈瑞等[333] 推荐的中介效应分析方法，同时借鉴 Preacher 等[331] 和 Hayes[332] 推荐的 Bootstrap 方法进行中介效应检验，设定样本量为 5 000。在自我参照情境下，对于 95%置信区间，中介检验的结果未包含 0（$LLCI=0.312$，$ULCI=0.498$），并且中介效应的值为 0.393，可见操纵意图推断的中介作用显著；在社会参照情境下，对于 95%置信区间，中介检验的结果未包含 0（$LLCI=0.129$，$ULCI=0.265$），并且中介效应的值为 0.195，可见操纵意图推断的中介作用也显著。故 H4b 的后半部分得到验证，结合已经得到验证的前半部分，整个假设 H4b 得到验证。

在高涉入度情境下，对于 95%置信区间，中介检验的结果未包含 0（*LLCI*＝0.301，*ULCI*＝0.487），并且中介效应的值为 0.382，可见操纵意图推断的中介作用显著；在低涉入度情境下，对于 95%置信区间，中介检验的结果未包含 0（*LLCI*＝0.18，*ULCI*＝0.254），并且中介效应的值为 0.184，可见操纵意图推断的中介作用也显著。故 H5b 的后半部分得到验证，结合已经得到验证的前半部分，整个假设 H5b 得到验证。

在控制中介变量操纵意图推断后，推荐解释的契合性对用户采纳意愿的影响仍然显著（*LLCI*＝0.270，*ULCI*＝0.482，未包含 0），效应大小为 0.361，可见操纵意图推断在推荐解释的契合性对用户采纳意愿的影响中只起到部分中介作用。因此，H3b 的后半部分得到验证，连同已经得到验证的前半部分，整个 H3b 得到验证。

3. 强迫性感受与操纵意图推断的共同中介作用

为了检验强迫性感受与操纵意图推断在推荐解释的契合性对用户采纳意愿影响中所起到的共同中介作用，对所有变量的参数进行标准化，参照 Preacher[331] 和 Hayes[332] 推荐的多个并列中介变量的 Bootstrap 方法，检验两个变量的共同中介作用，设定样本量为 5 000，设置置信区间为 95%，得到如表 6.6 所示的检验结果。可以看出，两个中介变量的共同中介作用显著（*LLCI*＝0.168，*ULCI*＝0.416，未包含 0），并且共同中介效应的值为 0.277；强迫性感受和操纵意图推断各自都产生了显著的中介效应，其中介效应的值分别为 0.123（*LLCI*＝0.061，*ULCI*＝0.225，未包含 0）和 0.145（*LLCI*＝0.081，*ULCI*＝0.249，未包含 0）；当控制共同中介作用后，推荐解释的契合性对用户采纳意愿的影响仍然显著（*LLCI*＝0.272，*ULCI*＝0.458，未包含 0），直接效应为 0.366。

表 6.6　强迫性感受与操纵意愿推断的共同中介作用

类别	中介变量	*Effect*	*SE*	*t*	*p*	95%置信区间 *CI*	
						下限 *LLCI*	上限 *ULCI*
直接效应	—	0.366	0.048	7.931	0.000	0.272	0.458
中介效应	强迫性感受	0.123	0.046	—	未含 0	0.061	0.225
	操纵意图推断	0.145	0.042	—	未含 0	0.081	0.249
	共同中介	0.277	0.051	—	未含 0	0.168	0.416

注：*Effect* 为效应值，*SE* 为标准误。

4. 参照性/涉入度对两个中介变量共同中介作用的调节效应

为了检验参照性/涉入度对强迫性感受与操纵意图推断的共同中介作用的调节效应，将所有变量的参数进行标准化后，按照 Zhao 等[330]提出的中介效应分析方法，同时参照 Preacher 等[331]和 Hayes[332]推荐的有调节的中介变量检验方法，采用 Bootstrap 中介效应检验，样本量设置为 5 000，置信区间设置为 95%，检验结果如表 6.7 所示。

表 6.7　参照性对强迫性感受与操纵意愿推断的共同中介作用的调节效应

类别	参照性/涉入度	*Effect*	*SE*	*t*	*p*	95%置信区间 *CI*	
						下限 *LLCI*	上限 *ULCI*
直接效应	—	0.386	0.464	7.931	0.000	0.271	0.478
中介效应（强迫性感受）	自我参照	0.170	0.427	—	未含 0	0.096	0.264
	社会参照	0.097	0.049	—	未含 0	0.067	0.151
中介效应（操纵意图推断）	自我参照	0.228	0.057	—	未含 0	0.112	0.298
	社会参照	0.124	0.031	—	未含 0	0.043	0.165
中介效应（强迫性感受）	高涉入度	0.169	0.416	—	未含 0	0.082	0.253
	低涉入度	0.086	0.037	—	未含 0	0.056	0.149
中介效应（操纵意图推断）	高涉入度	0.217	0.046	—	未含 0	0.109	0.287
	低涉入度	0.113	0.029	—	未含 0	0.039	0.154

注：*Effect* 为效应值，*SE* 为标准误。

在自我参照情境下，推荐解释的契合性（低契合度和高契合度）通过强迫性感受的中介作用进而影响用户采纳意愿的间接作用显著（$LLCI=0.096$，

$ULCI$＝0.264，未包含 0)，效应值为 0.170；推荐解释的契合性（低契合度和高契合度）通过操纵意图推断的中介作用进而影响用户采纳意愿的间接作用也显著($LLCI$＝0.112，$ULCI$＝0.298，未包含 0)，效应值为 0.228。

在社会参照情境下，推荐解释的契合性（低契合度和高契合度）通过强迫性感受的中介作用进而影响用户采纳意愿的间接作用显著（$LLCI$＝0.067，$ULCI$＝0.151，未包含 0)，效应值为 0.097；推荐解释的契合性（低契合度和高契合度）通过操纵意图推断的中介作用进而影响用户采纳意愿的间接作用也显著($LLCI$＝0.043，$ULCI$＝0.165，未包含 0)，效应值为 0.124。

在高涉入度情境下，推荐解释的契合性（低契合度和高契合度）通过强迫性感受的中介作用进而影响用户采纳意愿的间接作用显著（$LLCI$＝0.082，$ULCI$＝0.253，未包含 0)，效应值为 0.169；推荐解释的契合性（低契合度和高契合度）通过操纵意图推断的中介作用进而影响用户采纳意愿的间接作用也显著($LLCI$＝0.109，$ULCI$＝0.287，未包含 0)，效应值为 0.217。

在低涉入度情境下，推荐解释的契合性（低契合度和高契合度）通过强迫性感受的中介作用进而影响用户采纳意愿的间接作用显著（$LLCI$＝0.056，$ULCI$＝0.149，未包含 0)，效应值为 0.086；推荐解释的契合性（低契合度和高契合度）通过操纵意图推断的中介作用进而影响用户采纳意愿的间接作用也显著($LLCI$＝0.039，$ULCI$＝0.154，未包含 0)，效应值为 0.113。

另外，在强迫性感受和操纵意图推断两个变量的共同中介作用下，推荐解释的契合性对用户采纳意愿的直接效应依旧显著（$LLCI$＝0.271，$ULCI$＝0.478，未包含 0)，直接效应的值为 0.386。

由此可见，强迫性感受和操纵意图推断两个变量的共同中介作用会受到参照性和涉入度的调节影响，并且这两个中介变量所起的共同中介作用仍然为部分中介作用，因此，假设 H3a、H3b、H4a、H4b、H5a、H5b 再次得到验证。

6.4　推荐解释的契合性对采纳意愿影响机制的分析结论

基于心理抗拒理论与解释水平理论分析了推荐解释的契合度对用户采纳意愿的影响，通过情景实验法 SPSS 23.0 和 MPLUS 7.0 统计分析工具考察了心理抗拒的中介作用与参照性/涉入度的调节效应。实验结果表明：

（1）推荐解释的契合性不同程度对用户采纳意愿的影响存在差异，与低契合度推荐解释相比，高契合度推荐解释更能增加用户的采纳意愿。推荐解释的契合性不同程度对强迫性感受的影响存在差异，低契合度推荐解释比高契合度推荐解释带来更多的强迫性感受。强迫性感受在推荐解释的契合性对用户采纳意愿的影响中起部分中介作用，而且在自我参照和高涉入度情境下强迫性感受的中介效应分别大于社会参照和低涉入度情境。参照性对推荐解释的契合性影响强迫性感受进而影响用户采纳意愿的调节作用显著，在社会参照情境下，高契合度推荐解释会引起更少的强迫性感受；在自我参照情境下，低契合度推荐解释会引起更多的强迫性感受；并且在社会参照情境下，高契合度与低契合度推荐解释引起的强迫性感受的差异自我参照情境下的差异要小。涉入度对推荐解释的契合性影响强迫性感受进而影响用户采纳意愿的调节作用显著，在低涉入度情境下，高契合度推荐解释会引起更少的强迫性感受；在高涉入度情境下，低契合度推荐解释会引起更多的强迫性感受；并且在低涉入度情境下，高契合度与低契合度推荐解释引起的强迫性感受的差异高涉入度情境下的差异要小。

（2）推荐解释的契合性不同程度对操纵意图推断的影响存在差异，低契合度推荐解释比高契合度推荐解释带来更多的操纵意图推断；操纵意图推断在推荐解释的契合性对用户采纳意愿的影响中起部分中介作用，而且在自我参照和高涉入度情境下操纵意图推断的中介效应分别大于社会参照和低涉入度情境。参照性对推荐解释的契合性影响操纵意图推断进而影响用户采纳意愿的调节作用显著，在社会参照情境下，高契合度推荐解释会引起更少的操纵意图推断；在自我参照情境下，低契合度推荐解释会引起更多的操纵意图推断；并且在社会参照情境下，高契合度与低契合度推荐解释引起的操纵意图推断的差异比自我参照情境下的差异要小。涉入度对推荐解释的契合性影响操纵意图推断进而影响用户采纳意愿的调节作用显著，在低涉入度情境下，高契合度推荐解释会引起更少的操纵意图推断；在高涉入度情境下，低契合度推荐解释会引起更多的操纵意图推断；并且在低涉入度情境下，高契合度与低契合度推荐解释引起的操纵意图推断的差异比高涉入度情境下的差异要小。

（3）强迫性感受和操纵意图推断在推荐解释的契合性对用户采纳意愿的影响中，不仅各自起到显著的中介作用，而且这两个变量的共同中介作用也显著；另外，在控制了这两个变量的共同中介作用后，推荐解释的契合性对用户采纳意愿的影响仍然显著，因此，这两个变量的共同中介作用为部分中介作用。对于强迫性感受和操纵意图推断两个中介变量，不仅各自的中介作用会分别受到参照性和涉入度的调节影响，而且这两个变量的共同中介作用也会分别受到参照性和涉入度的调节影响，在自我参照和高涉入度情境下，强迫性感受和操纵意图推断的共同中介作用分别比社会参照和低涉入度情境下要大。

6.5　本章小结

本章主要针对第 3 章提出的第三个关键问题，较为系统和深入地研究了 PRS 中推荐解释的互动性对用户采纳意愿的影响机制。为了阐述的方便，将本章的研究称为研究三，主要进行了如下研究工作：

首先，依据心理抗拒理论以及其他相关理论，确定了研究二的主要研究变量，其中推荐解释的契合性（包含高契合度与低契合度两个维度）为自变量，信息采纳意愿为因变量，心理抗拒（包含强迫性与操纵意图推断两个维度）为中介变量，参照性和涉入度为调节变量。在此基础上，提出了研究三中各变量之间的关系假设，并形成其概念模型，为接下来的实证检验做好铺垫。

然后，通过情景实验与问卷调查相结合的方法，获取相关变量的测量数据，具体包括推荐解释的契合性、信息采纳意愿、强迫性感受、操纵意图推断、参照性和涉入度共 6 个变量。在此基础上，通过 SPSS 23.0 和 MPLUS 7.0 等工具对获取原始数据进行参照第 3 章所描述的具体过程进行严格的信效度检验，并对有效数据进行统计分析。

最后，依据数据分析结果，对研究三提出的关系假设进行了一一验证，并归纳出其所对应研究结论。

结　　语

本书以电子商务用户为研究对象，在整合多种理论模型（包括技术接受模型和信息系统成功模型）的基础上，从推荐解释的互动性、参照性和契合性 3 个方面出发，探索并验证推荐解释的呈现特征对信息采纳意愿的影响机制模型，采用情景实验与问卷调查相结合的方法对 3 个研究相应的理论模型进行假设检验，获取了推荐解释的互动性能对信息采纳意愿产生积极作用、感知有用性和感知易用性对于在推荐解释的互动性对信息采纳意愿的影响中起部分中介作用、信任度会影响采纳意愿、推荐解释的参照性能对信息采纳意愿产生积极作用、感知精确性、感知新颖性、强迫性感受、操纵意图推断会产生中介作用、参照性会调节推荐解释的契合性对心理抗拒的影响等理论与实证相结合的分析结论，最终抓住推荐系统也属于信息系统这一本质，以 PRS 中推荐解释的呈现特征作为研究的突破口，在整合多种理论模型（包括技术接受相关理论和信息系统成功模型）的基础上，从推荐解释的互动性、参照性和契合性 3 个方面出发，建立起推荐解释的呈现特征对信息采纳意愿的影响机制模型。

延伸到实践应用层面，本书的分析内容与所获结论对于竞争日趋激烈的电子商务企业如何合理且有效利用推荐系统及其解释功能、提升 PRS 用户对推荐信息的采纳意愿能够带来实践启示。但本书在变量确定、数据获取等方面仍存在一些不足之处，需要在未来进一步优化分析机制并通过深度调研实现更为深入和全面的研究。

参考文献

[1] Marz N, Warren J. Big Data: Principles and best practices of scalable real-time data systems [M]. Manning Publications Co., 2015.

[2] Helberger N, Karppinen K, D'Acunto L. Exposure diversity as a design principle for recommender systems [J]. Information Communication & Society, 2018, 21 (2): 1-17.

[3] Adomavicius G, Tuzhilin A. Toward the next generation of recommender systems: A survey of the state-of-the-art and possible extensions (Review) [J]. IEEE Transactions on Knowledge and Data Engineering. 2005, 17 (6): 734-749.

[4] https://www.jupitermedia.com/corporate/releases/03.10.140 new jupresearch.html.

[5] Mooney R, Raymond J, Roy L, et al. Content-based book recommending using learning for text categorization [C] //Proceedings of the fifth ACM conference on Digital libratries. ACM, 2000: 195-204.

[6] Breese J S, Heckerman D, Kadie C. Empirical analysis of predictive algorithms for collaborative filtering [C]. Proceedings of the Fourteenth conference on Uncertainty in artificial intelligence. Morgan Kaufmann Publishers Inc., 1998: 43-52.

[7] 黄立威，江碧涛，吕守业．基于深度学习的推荐系统研究综述 [J]．计算机学报，2018，41 (7)：191-219.

[8] Balabanovic M，Shoham Y. Fab：content-based，collaborative recommendation [J]. Communication of the ACM，1997，40 (3)：66-72.
[9] Schafer J B，Konstan J，Riedl J. Recommender systems in e-commerce [C] //Proceedings of the 1st ACM conference on Electronic commerce. ACM，1999：158-166.
[10] 刘凯，王伟军，黄英辉. 个性化推荐系统理论探索：从系统向用户为中心的演进 [J]. 情报理论与实践，2016，39 (3)：52-56.
[11] 杨一翁，孙国辉，王毅. 消费者愿意采纳推荐吗？——基于信息系统成功-技术接受模型 [J]. 中央财经大学学报，2016 (7)：109-117.
[12] Adomavicius G，Bockstedt J C，Curley S P，et al. Effects of online recommendations on consumers' willingness to pay [J]. Information Systems Research，2012，893 (1)：40-45.
[13] Baral R，Li T. Exploiting the roles of aspects in personalized POI recommender systems [J]. Data Mining and Knowledge Discovery，2017，32 (2)：320-343.
[14] 王艳萍，程岩. 参考组与时间压力影响下在线消费者对主动式推荐的心理抗拒及接受意愿分析 [J]. 管理评论，2013，25 (02)：70-78.
[15] 任明. 智能信息系统：以关联知识优化数据建模的方法和实践 [M]. 浙江大学出版社，2012.
[16] Alhamid M F，Rawashdeh M，Dong H，et al. Exploring latent preferences for context-aware personalized recommendation systems [J]. IEEE Transactions on Human-Machine Systems，2017，46 (4)：615-623.
[17] Resnick P，Varian H R. Recommender systems [J]. Communications of the Acm，1997，40 (3)：56-58.
[18] Bobadilla J，Ortega F，Hernando A. Recommender systems survey [J]. Knowledge-Based Systems，2013，46 (1)：109-132.
[19] 王丹. 在线个性化推荐系统用户采纳影响因素研究 [D]. 天津职业技术师范大学，2016.
[20] Adomavicius G，Tuzhilin A. Toward the next generation of recommender systems：a survey of the state-of-the-art and possible extensions (Review)

[J]. IEEE Transactions on Knowledge and Data Engineering, 2005, 17 (6): 734-749.

[21] 孙鲁平，张丽君，汪平. 网上个性化推荐研究述评与展望 [J]. 外国经济与管理，2016，38 (06): 82-99.

[22] Herlocker J L, Konstan J A, Terveen L G, et al. Evaluating collaborative filtering recommender systems [J]. ACM Transactions on Information Systems, 2004, 22 (1): 5-53.

[23] Srinivasan S S, Anderson R, Ponnavolu K. Customer loyalty in e-commerce: an exploration of its antecedents and consequences [J]. Journal of Retailing, 2002, 78 (1): 41-50.

[24] Pathak B, Garfinkel R, Gopal R D, et al. Empirical analysis of the impact of recommender systems on sales [J]. Journal of Management Information Systems, 2010, 27 (2): 159-188.

[25] 江秀佳，何源光. 国内电子商务个性化推荐系统改进研究 [J]. 图书情报工作，2009，53 (16): 137-140.

[26] Linden G, Smith B, York J. Amazon. com recommendations: item-to-item collaborative filtering [J]. IEEE Internet Computing, 2003, 7 (1): 76-80.

[27] 刘士琛. 面向推荐系统的关键问题研究及应用 [D]. 中国科学技术大学，2014.

[28] Hwangbo H, Kim Y S, Cha K J. Recommendation system development for fashion retail e-commerce [J]. Electronic Commerce Research and Applications, 2018, 28: 94-101.

[29] 李丹丹. 基于混合算法的个性化电子商务推荐系统研究 [D]. 天津财经大学，2008.

[30] 张雪琳. 网络推荐情境下定制化对消费者决策的影响 [D]. 复旦大学，2010.

[31] Goldberg. Generation and control of microwave signals by optical techniques [J]. IEE Proceedings. Part J. 1992, 139 (4): 288-295.

[32] Olafsson, Sigurdur, Li X, et al. Operations research and data mining

[J]. European Journal of Operational Research, 2008, 187 (3): 1429-1448.

[33] 唐哲，丁二玉，骆斌，等. 基于 Web Mining 的推荐系统 [J]. 计算机科学，2005，32 (12)：193-196.

[34] Hang Z Q, Qian S J. The research of e-commerce recommendation system based on collaborative filtering technology [M]. Advances in Computer Science and Information Engineering. 2012.

[35] 孟祥武，刘树栋，张玉洁，等. 社会化推荐系统研究 [J]. 软件学报，2015，26 (6)：1356-1372.

[36] Adomavicius D, Tuzhilin A. Personalization technologies: a process-oriented perspective [J]. Wirtschaftsinformatik, 2006, 48 (6): 449-450.

[37] 刘平峰，陈冬林. 电子商务推荐系统研究综述 [J]. 情报杂志，2007，26 (9)：46-50.

[38] Huang Z, Chen H, Zeng D. Applying associative retrieval techniques to alleviate the sparsity problem in collaborative filtering [J]. Acm Transactions on Information Systems, 2004, 22 (1): 116-142.

[39] 刘建国，周涛，郭强，等. 个性化推荐系统评价方法综述 [J]. 复杂系统与复杂性科学，2009，6 (3)：1-10.

[40] Choi J, Hong L, Yong K. The influence of social presence on customer intention to reuse online recommender systems: the roles of personalization and product type [J]. International Journal of Electronic Commerce, 2011, 16 (1): 129-154.

[41] Jiang L, Cheng Y, Li Y, et al. A trust-based collaborative filtering algorithm for E-commerce recommendation system [J]. Journal of Ambient Intelligence & Humanized Computing, 2018 (6): 1-12.

[42] Mcsherry D. Explanation in recommender systems [J]. Artificial Intelligence Review, 2005, 24 (2): 179-197.

[43] Ricci F, Rokach L, Shapira B, et al. Recommender Systems Handbook [M]. Springer US, 2011.

[44] Dietmar J, Markus Z, Alexander F, et al. Recommender systems: an in-

troduction [M]. Cambridge: Cambridge University Press, 2010: 157-160.

[45] 杨淑梅. 推荐系统的交互性研究 [D]. 北京邮电大学，2014.

[46] Fogg B J, Grudin J, Nielsen J, et al. Persuasive technology: using computers to change what we think and do [J]. Gerontechnology, 2002, 5 (12): 1168-1170.

[47] Grabner S. Engendering consumer trust in e-commerce: conceptual clarification and empirical findings [M]. Trust in the Network Economy, 2003.

[48] Chung N, Koo C, Kim J K. Extrinsic and intrinsic motivation for using a booth recommender system service on exhibition attendees' unplanned visit behavior [J]. Computers in Human Behavior, 2014, 30 (30): 59-68.

[49] Imoussaten A, Duthil B, Trousset F, et al. A highly automated recommender system based on a possibilistic interpretation of a sentiment analysis [J]. Communications in Computer & Information Science, 2014, 442: 536-545.

[50] Wang W, Benbasat I. Recommendation agents for electronic commerce: effects of explanation facilities on trusting beliefs [J]. Journal of Management Information Systems, 2007, 23 (4): 217-246.

[51] Hostler R E, Yoon V Y, Guo Z, et al. Assessing the impact of recommender agents on on-line consumer unplanned purchase behavior [J]. Information & Management, 2011, 48 (8): 336-343.

[52] Wei L, Matejka J, Grossman T, et al. Design and evaluation of a command recommendation system for software applications [J]. ACM Transactions on Computer-Human Interaction (TOCHI), 2011, 18 (2): 1-35.

[53] Kriechbaum M, Brent A C, Posch A. Interaction patterns of systemic problems in distributed energy technology diffusion: a case study of photovoltaics in the Western Cape province of South Africa [J]. Technology Analysis & Strategic Management, 2018 (2): 1-15.

[54] Calebsolly P, Dogramadzi S, Huijnen C A G J, et al. Exploiting ability for human adaptation to facilitate improved human-robot interaction and ac-

ceptance [J]. Information Society, 2018, 34 (3): 153-165.

[55] Weiser E B. The functions of Internet use and their social and psychological consequences [J]. Cyberpsychol Behavior, 2001, 4 (6): 723-743.

[56] 吴瑶，肖静华，谢康，等. 从价值提供到价值共创的营销转型——企业与消费者协同演化视角的双案例研究 [J]. 管理世界，2017 (4)：138-157.

[57] Kiousis S. Interactivity: a concept explication [J]. New Media & Society, 2002, 4 (3): 355-383.

[58] Liu Y P. Developing a scale to measure the interactivity of websites [J]. Journal of Advertising Research, 2003, 43 (2): 207-216.

[59] 范晓屏. 网络因素对产业区块持续发展的影响——以浙江工业园区为实证 [J]. 研究与发展管理，2007，19 (1)：79-86.

[60] Klein S. Designing for customer interaction on the web [J]. Internet Computing IEEE, 1999, 3 (1): 32-35.

[61] Heeter C. Interactivity in the context of designed experiences [J]. Journal of Interactive Advertising, 2000, 1 (1): 3-14.

[62] 张初兵，吴波. 网站感知互动性研究述评 [J]. 中国流通经济，2016，30 (06)：117-127.

[63] Newhagen J E, Rafaeli S. Why communication researchers should study the internet: a dialogue [J]. Journal of Communication, 2010, 46 (1): 4-13.

[64] Leow F T, Mai N. Collaborative learning with Web 2.0 tools: analysing Malaysian students' perceptions and peer interaction [J]. Educational Media International, 2015, 52 (4): 308-327.

[65] Goffman E. Interaction ritual: essays on face-to-face interaction [J]. American Journal of Sociology, 1967, 33 (3): 462.

[66] Rafaeli A. When clerks meet customers: a test of variables related to emotional expressions on the job [J]. Journal of Applied Psychology, 1988, 74 (3): 385-393.

[67] Schegloff E A. Repair after next turn: the last structurally provided defense of intersubjectivity in conversation [J]. American Journal of Sociolo-

gy, 1992, 97 (5): 1295-1345.
[68] Day G S. Organizing for interactivity [J]. Journal of Interactive Marketing, 1998, 12 (1): 47-53.
[69] Novak T P, Hoffman D L, Yung Y F. Measuring the customer experience in online environments: a structural modeling approach [J]. Marketing Science, 2000, 19 (1): 22-42.
[70] Hoffman D L, Novak T P. Marketing in hypermedia computer-mediated environments: Conceptual foundations [J]. Journal of Marketing, 1996, 60 (3): 50-68.
[71] Newhagen J E, Rafaeli S. Why communication researchers should study the internet: a dialogue [J]. Journal of Communication, 2010, 46 (1): 4-13.
[72] Wu G, Hu X, Wu Y. Effects of perceived interactivity, perceived web assurance and disposition to trust on initial online trust [J]. Journal of Computer-mediated Communication, 2010, 16 (1): 1-26.
[73] Liu Y. Interactivity and its implications for consumer behavior [M]. Rutgers the State University of New Jersey - Newark, 2002.
[74] 范晓屏，马庆国．基于虚拟社区的网络互动对网络购买意向的影响研究[J]．浙江大学学报（人文社会科学版），2009，39（05）：149-157.
[75] 张爱欢．虚拟社区网络团购的消费者使用意向影响因素研究[D]．北京邮电大学，2014.
[76] 毕达天，邱长波．B2C电子商务企业-客户间互动对客户体验影响机制研究[J]．中国软科学，2014（12）：124-135.
[77] McMillan, Hyde. Technological innovation and change: a case study in the formation of organizational conscience [J]. Quarterly Journal of Speech, 2000, 86 (1): 19-47.
[78] Ha L, James E L. Interactivity reexamined: a baseline analysis of early business web sites [J]. Journal of Broadcasting & Electronic Media, 1998, 42 (4): 457-474.
[79] Heeter C. Classifying mediated communication systems [J]. Annals of the

International Communication Association, 1989, 12 (1): 477-489.

[80] Nogueira L, Pinho L M, Coelho J. A feedback-based decentralised coordination model for distributed open real-time systems [J]. Journal of Systems & Software, 2012, 85 (9): 2145-2159.

[81] 张恒超. 共享因素对参照性交流双方学习的影响 [J]. 心理学报, 2017, 49 (02): 197-205.

[82] Avakian H, Battaglieri M, Cisbani E, et al. Probing strangeness in hard processes [J]. Physics, 2012, 29 (9): 1471-1478.

[83] Cha H S, Pingry D E, Thatcher M E. A learning model of information technology outsourcing: normative implications [J]. Journal of Management Information Systems, 2009, 26 (2): 147-176.

[84] Choi J, Lee H J, Kim H W. Examining the effects of personalized app recommender systems on purchase intention: a self and social-interaction perspective [J]. Journal of Electronic Commerce Research. 2017, 18 (1): 73-102.

[85] Hyman H H. The psychology of status [J]. Archives of Psychology, 1942, 269: 94-102.

[86] Park C W, Lessig V P. Students and housewives: differences in susceptibility to reference group influence [J]. Journal of Consumer Research, 1977, 4 (2): 102-110.

[87] Moutinho L. Consumer behaviour in tourism [J]. European Journal of Marketing, 1993, 21 (10): 5-44.

[88] Nolan J M, Schultz P W, Cialdini R B, et al. Normative social influence is underdetected [J]. Personality & Social Psychology Bulletin, 2008, 34 (7): 913-23.

[89] Batra R, Homer P M, Kahle L R. Values, susceptibility to normative influence, and attribute importance weights: a nomological analysis [J]. Journal of Consumer Psychology, 2001, 11 (2): 115-128.

[90] Escalas J E, Bettman J R. Self-construal, reference groups, and brand meaning [J]. Journal of Consumer Research, 2005, 32 (3): 378-389.

[91] Deutsch M, Gerard H B. A study of normative and informational social influences upon individual judgement [J]. J Abnorm Psychol, 1955, 51 (1): 629-636.

[92] Kelman H C. Processes of opinion change [J]. Public Opinion Quarterly, 1961, 25 (1): 57.

[93] Witt R E, Bruce G D. Group influence and brand choice congruence [J]. Journal of Marketing Research, 1972, 9 (4): 440-443.

[94] White K, Dahl D W. To be or not be? The influence of dissociative reference groups on consumer preferences [J]. Journal of Consumer Psychology, 2006, 16 (4): 404-414.

[95] RehmanA, Jamil S A. Influence of income and occupation on consumers' susceptibility to reference group demands on brand choice decisions [J]. International Review of Management & Marketing, 2016, 6 (2): 376-382.

[96] Lord K R, Lee M, Choong P. Differences in normative and informational social influence [J]. Advances in Consumer Research, 2001, 28 (1): 280-285.

[97] Yang J, He X, Lee H. Social reference group influence on mobile phone purchasing behaviour: a cross-nation comparative study [J]. International Journal of Mobile Communications, 2007, 5 (3): 319-338.

[98] Mascarenhas O A J, Higby M A. Peer, parent, and media influences in teen apparel shopping [J]. Journal of the Academy of Marketing Science, 1993, 21 (1): 53-58.

[99] Muniz A M, O'Guinn T C. Brand community [J]. Journal of Consumer Research, 2001, 27 (4): 412-432.

[100] Guzmán F, Monta ? a J, Sierra V. Brand building by associating to public services: a reference group influence model [J]. Journal of Brand Management, 2006, 13 (4-5): 353-362.

[101] Fiedler K, Jung J, W ? nke M, et al. On the relations between distinct aspects of psychological distance: An ecological basis of construal-level

theory [J]. Journal of Experimental Social Psychology, 2012, 48 (5): 1014-1021.

[102] Trope Y. The role of feasibility and desirability considerations in near and distant future decisions: A test of temporal construal theory [J]. Journal of Personality & Social Psychology, 1998, 75 (1): 5-18.

[103] Dhar R, Kim E Y. Seeing the forest or the trees: Implications of construal level theory for consumer choice [J]. Journal of Consumer Psychology, 2007, 17 (2): 96-100.

[104] Liberman N, Trope Y. Traversing psychological distance [J]. Trends in Cognitive Sciences, 2014, 18 (7): 364-369.

[105] Nussbaum S, Liberman N, Trope Y. Predicting the near and distant future [J]. Journal of Experimental Psychology: General, 2006, 135 (2): 152-161.

[106] 岑延远. 解释水平视角下的乐观偏差效应 [J]. 心理科学, 2016 (3): 553-558.

[107] Stephan E, Liberman N, Trope Y. Politeness and psychological distance: a construal level perspective [J]. J Pers Soc Psychol, 2010, 98 (2): 268-280.

[108] 李雁晨, 周庭锐, 周琇. 解释水平理论: 从时间距离到心理距离 [J]. 心理科学进展, 2009, 17 (4): 667-677.

[109] 黄希庭, 张志杰. 青少年时间管理倾向量表的编制 [J]. 心理学报, 2001, 33 (4): 51-56.

[110] Liberman N, Sagristano M D, Trope Y. The effect of temporal distance on level of mental construal [J]. Journal of Experimental Social Psychology, 2002, 38 (6): 523-534.

[111] 邹鹏, 郝连才, 李一军. 面向信息不对称性的感知时间距离销售促进对购买行为的影响 [J]. 管理科学, 2014 (1): 65-74.

[112] Liberman N, Trope Y. The psychology of transcending the here and now [J]. Science, 2008, 322 (5905): 1201-1205.

[113] Nussbaum S, Trope Y, Liberman N. Creeping dispositionism: the tem-

poral dynamics of behavior prediction [J]. Journal of Personality & Social Psychology, 2003, 84 (3): 485-497.

[114] Kees J, Burton S, Tangari A H. The impact of regulatory focus, temporal orientation, and fit on consumer responses to health-related advertising [J]. Journal of Advertising, 2010, 39 (1): 19-34.

[115] 黄蕾. 网络差评的不同回复方式对消费者购买决策的影响 [D]. 天津大学, 2017.

[116] Fujita K, Trope Y, Liberman N, et al. Construal levels and self-control [J]. Journal of Personality and Social Psychology, 2006, 90 (3): 351-367.

[117] Benedicktus R L. Psychological distance perceptions and trust beliefs for internet-only and hybrid retailers: implications for marketers [M]. Florida State University, 2008.

[118] Edwards S M, Jin K L, Ferle C L. Does place matter when shopping online? Perceptions of similarity and familiarity as indicators of psychological distance [J]. Journal of Interactive Advertising, 2009, 10 (1): 35-50.

[119] 钟毅平, 张志. 时空距离、特征类型对态度的影响 [J]. 心理学探新, 2011, 31 (3): 230-233.

[120] 黄静, 王新刚, 童泽林. 空间和社交距离对犯错品牌评价的影响 [J]. 中国软科学, 2011 (7): 123-130.

[121] 汪媛. 空间距离对跨期选择的影响 [D]. 浙江大学, 2012.

[122] Shani I. The whole rabbit: On the perceptual roots of Quine's indeterminacy puzzle [J]. Philosophical Psychology, 2009, 22 (6): 739-763.

[123] 姜桐欣. 解释水平和心理距离对大学生购买行为中情感预测强度的影响 [D]. 鲁东大学, 2018.

[124] Nunes C C, Dean R A. Host-induced gene silencing: a tool for understanding fungal host interaction and for developing novel disease control strategies [J]. Molecular Plant Pathology, 2012, 13 (5): 519-529.

[125] 徐惊蛰, 谢晓非. 解释水平视角下的自己-他人决策差异 [J]. 心理学报, 2011, 43 (1): 11-20.

[126] Kray L J. Contingent weighting in self-other decision making [J]. Organizational Behavior & Human Decision Processes, 2000, 83 (1): 82-106.

[127] Wakslak C J, Trope Y, Liberman N, et al. Seeing the forest when entry is unlikely: Probability and the mental representation of events [J]. Journal of Experimental Psychology: General, 2006, 135 (4): 641-653.

[128] Todorov A, Goren A, Trope Y. Probability as a psychological distance: Construal and preferences [J]. Journal of Experimental Social Psychology, 2007, 43 (3): 473-482.

[129] 周广亚，刘金平. 情境启动和认知需要对决策过程和结果的影响 [J]. 心理研究，2009，2 (03)：59-63.

[130] Li X, Cai W, An J, et al. Large-area synthesis of high-quality and uniform graphene films on copper foils [J]. Science, 2009, 324 (5932): 1312-1314.

[131] 王晓珍，郑颖，蒋子浩，潘公贺. 补贴政策对家用光伏购买意愿的影响——基于心理距离和风险偏好的实证分析 [J]. 软科学，2019 (04)：130-135.

[132] Donald B R. On information invariants in robotics [J]. Artificial Intelligence, 1995, 72 (1-2): 217-304.

[133] Alben L. Quality of experience: defining the criteria for effective interaction design [J]. Interactions, 1996, 3 (3): 11-15.

[134] Knijnenburg B P, Willemsen M C, Gantner Z, et al. Explaining the user experience of recommender systems [J]. User Modeling and User-Adapted Interaction, 2012, 22 (4-5): 441-504.

[135] Hassenzahl M, Tractinsky N. User experience - a research agenda [J]. Behaviour & Information Technology, 2006, 25 (2): 91-97.

[136] 喻国明. 关于媒介用户使用体验的模型与定量化研究——一项认知神经传播学研究的逻辑框架 [J]. 新疆师范大学学报（哲学社会科学版），2018，39 (06)：53-60+2.

[137] Moor K D, Ketyko I, Joseph W, et al. Proposed framework for evalua-

ting quality of experience in a mobile，testbed-oriented living lab setting [J]. Mobile Networks & Applications，2010，15 (3)：378-391.

[138] Vandaele N，Decouttere C. A framework for production system design：insights from industrial experience [J]. Ifip Advances in Information & Communication Technology，2014，440：76-82.

[139] B. 约瑟夫. 派恩二世. 体验经济（修订版）[M]. 机械工业出版社，2008.

[140] Findability A. Ambient findability：what we find changes who we become [M]. Oreilly Media Inc，2005.

[141] Jesse James Garrett. 用户体验要素 [M]. 机械工业出版社，2011.

[142] 钱广斌. “互联网＋”时代时间维度用户体验设计方法研究 [D]. 江南大学，2017.

[143] Davis F D. Perceived usefulness，perceived ease of use，and user acceptance of information technology [J]. Mis Quarterly，1989，13 (3)：319-340.

[144] Baird D E，Fisher M. Neomillennial user experience design strategies：utilizing social networking media to support " always on" learning styles [J]. Journal of Educational Technology Systems，2006，34 (1)：5-32.

[145] Hassenzahl M，Tractinsky N. User experience - a research agenda [J]. Behaviour & Information Technology，2006，25 (2)：91-97.

[146] 乔歆新，李鹏. 不同人格类型即时通讯用户群的个性化动机—行为—体验模型构建 [J]. 应用心理学，2015，21 (3)：203-211.

[147] 吴继飞，于洪彦，杨炳成. 分享所获，还是分享操作？——直接体验和间接体验对分享内容的影响与作用机制研究 [J]. 营销科学学报，2016，12 (4)：41-60.

[148] 孙石泽. 城镇居民对智能银行使用体验的调研分析 [J]. 金融理论探索，2017 (4)：53-60.

[149] 程思琪，喻国明. 用户既有经验对聚合类新闻 APP 使用体验的影响——一个基于 EEG 频域分析的研究设计 [J]. 新闻战线，2018 (15)：56-61.

[150] 乔歆新，李鹏. 不同人格类型即时通讯用户群的个性化动机—行为—体验模型构建 [J]. 应用心理学，2015，21 (3)：203-211.

[151] Ward R D, Marsden P H. Physiological responses to different WEB page designs [J]. International Journal of Human - Computer Studies, 2003, 59 (1): 199-212.

[152] 高梦晨. 推荐系统用户感知调研 [J]. 工业设计研究, 2018 (0): 320-326.

[153] Laghari K U R, Crespi N, Molina B, et al. QoE aware service delivery in distributed environment [C]. In: IEEE Workshops of International Conference on Advanced Information Networking & Applications (WAINA2011), March 22-25, pp. 837-842.

[154] 王东峰. 移动 APP 用户体验满意度影响因素研究 [J]. 管理工程师, 2019, 24 (01): 31-37.

[155] 李楠. 社交媒体环境下用户使用体验感知对使用意向的影响研究 [D]. 哈尔滨工业大学, 2017.

[156] 李成, 胡文丽. 推荐系统体验模型探索——以视频推荐为例 [J]. 工业设计研究, 2018, 0: 81-85.

[157] 周涛, 石楠. 社会交互对社会化商务用户体验的作用机理研究 [J]. 现代情报, 2019, 39 (02): 105-110+120.

[158] Forgionne G A, Kohli R. A multiple criteria assessment of decision technology system journal quality [J]. Information & Management, 2001, 38 (7): 421-435.

[159] Hilligoss B, Rieh S Y. Developing a unifying framework of credibility assessment: Construct, heuristics, and interaction in context [J]. Information Processing & Management, 2008, 44 (4): 1467-1484.

[160] Chaudhry S S, Tamimi N A, Betton J. The management and control of quality in a process industry [J]. International Journal of Quality & Reliability Management, 2013, 14 (6): 575-581.

[161] Dalip D H, Cristo M. A general multiview framework for assessing the quality of collaboratively created content on web 2. 0 [J]. Journal of the Association for Information Science & Technology, 2017, 68 (2): 286-308.

[162] Metzger M J. Making sense of credibility on the Web: Models for evalua-

ting online information and recommendations for future research [J]. Journal of the Association for Information Science & Technology, 2014, 58 (13): 2078-2091.

[163] 曹瑞昌，吴建明. 信息质量及其评价指标体系 [J]. 情报探索，2002 (4)：6-9.

[164] 高智勇，高建民，王侃昌，等. 基于信息结构要素的信息质量定义与内涵分析 [J]. 计算机集成制造系统，2006，12 (10)：1724-1728.

[165] 王侃昌，高建民，高智勇，刘军强. 企业信息质量成熟度模型研究 [J]. 计算机集成制造系统，2007 (2)：282-286.

[166] 张耀辉，卢爽，刘冰. 用户信息交互过程中影响信息质量的因素分析 [J]. 情报理论与实践，2012，35 (6)：12-15.

[167] Arazy O, Nov O, Patterson R, et al. Information quality in wikipedia: the effects of group composition and task conflict [J]. Journal of Management Information Systems, 2011, 27 (4): 71-98.

[168] Ballou D P, Pazer H L. Modeling data and process quality in multi-input, multi-output information systems [J]. Management Science, 1985, 31 (2): 150-162.

[169] Chen C C, Tseng Y D. Quality evaluation of product reviews using an information quality framework [J]. Decision Support Systems, 2011, 50 (4): 755-768.

[170] Stvilia B, Gasser L, Twidale M B, et al. A framework for information quality assessment [J]. Journal of the American Society for Information Science & Technology, 2014, 58 (12): 1720-1733.

[171] Vaziri R, Mohsenzadeh M. Towards a practical "state reconstruction" for data quality methodologies: a customized list of dimensions [M]. Advances in Computer Science, Engineering & Applications. 2012.

[172] Nicolaou A I, Mcknight D H. Perceived information quality in data exchanges: effects on risk, trust, and intention to use [J]. Information Systems Research, 2006, 17 (4): 332-351.

[173] Burgess M S E, Gray W A, Fiddian N J. Using quality criteria to assist

in information searching [J]. International Journal of Information Quality, 2007, 1 (1): 83-99.

[174] Yang W L, Kahn B K, Kahn B K, et al. AIMQ: a methodology for information quality assessment [J]. Information & Management, 2003, 40 (2): 133-146.

[175] Deming W E. Out of the crisis [J]. Mit Press Books, 2000, 1 (5): 347-348.

[176] Kim D, Benbasat I. Trust-assuring arguments in b2c e-commerce: impact of content, source, and price on trust [J]. Journal of Management Information Systems, 2009, 26 (3): 175-206.

[177] Kim S, Oh J S, Oh S. Best-answer selection criteria in a social Q&A site from the user-oriented relevance perspective [J]. Proceedings of the American Society for Information Science & Technology, 2010, 44 (1): 1-15.

[178] 刘冰，卢爽. 基于用户体验的信息质量综合评价体系研究 [J]. 图书情报工作，2011，55 (22)：56-59.

[179] 李晶. 虚拟社区信息质量建模及感知差异性比较研究 [D]. 武汉大学，2013.

[180] 叶凤云. 移动商务用户信息质量感知对黏性倾向的影响研究 [J]. 现代情报，2017 (4)：74-83+96.

[181] 陈渝，黄亮峰. 理性选择理论视角下的电子书阅读客户端用户流失行为研究 [J/OL]. 图书馆论坛，2019.

[182] 苏强，梁冰. 信息质量及其评价指标 [J]. 计算机系统应用，2000，9 (7)：63-65.

[183] 刘雁书，方平. 网络信息质量评价指标体系及可获取性研究 [J]. 情报杂志，2002，21 (6)：10-12.

[184] Cyr D. Modeling Web Site Design across Cultures: Relationships to Trust, Satisfaction, and E-Loyalty [J]. Journal of Management Information Systems, 2008, 24 (4): 47-72.

[185] 马小闵，龚国伟. 信息质量评估研究 [J]. 情报杂志，2006，25 (5)：

19-21.

[186] 李晶. 信息质量感知与信息源使用的差异性研究 [J]. 信息资源管理学报, 2014, 4 (4): 17-23+68.

[187] 江晓东, 桂辉. 比较型网上产品评论的说服效果研究 [J]. 经济管理, 2015, 37 (11): 74-82.

[188] 项典典, 易燕娜, 范新河. 感知信息质量对信息采纳态度的影响研究——基于主客观路径的比较 [J]. 情报科学, 2016, 34 (7): 86-90.

[189] 高翔. 互联网金融理财产品感知信息质量影响因素分析 [D]. 大连理工大学, 2018.

[190] 孙琳冰. 社交关系强度对用户分享信息与购买意向影响研究 [D]. 哈尔滨工业大学, 2018.

[191] 叶凤云, 李君君. 移动互联网用户学术搜索满意度实证研究 [J]. 情报科学, 2018, 36 (10): 58-63+115.

[192] 何一清, 张玉利, 刘依冉. 创业者如何实现认知变革? ——信息加工视角下知识图式演化机制多案例研究 [J]. 科技进步与对策, 2017, 34 (19): 145-153.

[193] 厉钟灵. 微博用户转发意愿研究 [D]. 浙江大学, 2012.

[194] 李晶, 漆贤军, 陈明红. 信息质量感知对信息获取与信息采纳的影响研究 [J]. 情报科学, 2015, 33 (03): 123-129.

[195] 杨海娟. 综合性问答网站用户信息采纳意愿影响因素实证研究——基于信息性社会影响和规范性社会影响的视角 [J]. 现代情报, 2017, 37 (10): 42-48.

[196] 原欣伟, 窦天苗, 李延, 李雨萌. 在线用户社区成员持续参与意愿的影响因素研究——基于"认知-情感-意动"理论视角 [J]. 现代情报, 2018, 38 (05): 45-52.

[197] 查先进, 李力, 严亚兰, 郭佳. 数字图书馆环境下信息有用性和信息获取影响因素研究——信息获取自我效能的调节效果 [J]. 情报学报, 2017, 36 (07): 669-681.

[198] 李晶, 卢小莉, 李卓卓. 学术社区信息质量感知形成机理研究 [J]. 图书馆学研究, 2017 (01): 6-11.

[199] Brehm J W, Cole A H. Effect of a favor which reduces freedom [J]. Journal of Personality & Social Psychology, 1966, 3 (4): 420-426.

[200] Brehm S S, Brehm J W. Psychological reactance: A theory of freedom and control [M]. New York: Academic Press, 1981.

[201] 王春荣，王光荣．心理逆反:理论与应用［J］．天水师范学院学报，2011，31（2）：60-63.

[202] Wicklund C R A. Consumer behavior and psychological reactance [J]. Journal of Consumer Research, 1980, 6 (4): 389-405.

[203] 姜逸雯．好评返利营销模式对网购消费者心理逆反的影响研究［D］．东华大学，2017.

[204] 若文，杨静．媒介批评对象的负性心理抵抗透视［J］．今传媒，2007（1）：32-33.

[205] 王学东．消费者逆反心理及其行为探微［J］．商业经济研究，2010（15）：27-29.

[206] 万君，郭婷婷，吴正祥，张慧．用户对移动互联网主动式推荐信息的心理抗拒与接受意愿研究［J］．北京邮电大学学报（社会科学版），2015，17（05）：47-53.

[207] 刘满芝，徐悦，陈梦，等．信息双面性对节能产品购买意愿的影响——基于心理抗拒的中介作用和社会距离的调节效应［J］．营销科学学报，2017，13（1）：130-148.

[208] Quick B L, Stephenson M T. The reactance restoration scale (RRS): a measure of direct and indirect restoration [J]. Communication Research Reports, 2007, 24 (2): 131-138.

[209] Quick B L, Stephenson M T. Examining the role of trait reactance and sensation seeking on perceived threat, state reactance, and reactance restoration [J]. Human Communication Research, 2010, 34 (3): 448-476.

[210] Miron A M, Brehm J W. Reactance theory-40 years later [J]. Zeitschrift Fur Sozialpsychologie, 2006, 37 (1): 9-18.

[211] 王铭，江光荣．心理逆反及其临床意义［J］．中国临床心理学杂志，

2008, 16 (3): 302-304.

[212] Moore S G, Fitzsimons G J. Yes, we have no bananas: consumer responses to restoration of freedom [J]. Journal of Consumer Psychology, 2014, 24 (4): 541-548.

[213] Fitzsimons, G J. Consumer response to stockouts [J]. Journal of Consumer Research, 2000, 27 (2): 249-266.

[214] Lee G, Lee W J. Psychological reactance to online recommendation services [J]. Information & Management, 2009, 46 (8): 448-452.

[215] Fitzsimons G J, Lehmann D R. Reactance to recommendations: when unsolicited advice yields contrary responses [J]. Marketing Science, 2004, 23 (1): 82-94.

[216] Kivetz R. Promotion Reactance: The Role of Effort-Reward Congruity [J]. Journal of Consumer Research, 2005, 31 (4): 725-736.

[217] Wendlandt M, Schrader U. Consumer reactance against loyalty programs [J]. Journal of Consumer Marketing, 2007, 24 (5): 293-304.

[218] Noble S M, Esmark C L, Noble C H. Accumulation versus instant loyalty programs: The influence of controlling policies on customers' commitments [J]. Journal of Business Research, 2014, 67 (3): 361-368.

[219] Sharma D, Verma V. Psychological and economic considerations of rewards programs [J]. Journal of Retailing & Consumer Services, 2014, 21 (6): 924-932.

[220] Wierich R, Zielke S. How retailer coupons increase attitudinal loyalty: the impact of three coupon design elements [J]. European Journal of Marketing European Journal of Marketing, 2014, 48 (3-4): 699-721.

[221] Campbell M C, Kirmani A. Consumers' use of persuasion knowledge: The effects of accessibility and cognitive capacity on perceptions of an influence agent [J]. 2000, 27 (1): 69-83.

[222] 江慧芳. 基于声誉的 C2C 电子商务信任模型研究 [D]. 中国矿业大学, 2017.

[223] Kramer R M, Isen A M. Trust and distrust: Its psychological and social

dimensions [J]. Motivation & Emotion, 1994, 18 (2): 105-107.

[224] Rotter J B. A new scale for the measurement of interpersonal trust [J]. Journal of Personality, 2010, 35 (4): 651-665.

[225] Cannon J P, Doney P M, Mullen M R, et al. Building long-term orientation in buyer-supplier relationships: The moderating role of culture [J]. Journal of Operations Management, 2010, 28 (6): 506-521.

[226] Mcknight D H, Choudhury V, Kacmar C. Developing and validating trust measures for e-commerce: an integrative typology [J]. Information Systems Research, 2002, 13 (3): 334-359.

[227] 袁金凤. 基于信任扩散机制的推荐系统研究 [D]. 西南大学, 2014.

[228] Paxton P. Trust: a sociological theory (Book) [J]. Social Forces, 2001, 79 (3): 1187-1188.

[229] Wang M, Wu Z, Sun X, et al. Trust-aware collaborative filtering with a denoising autoencoder [J]. Neural Processing Letters, 2019, 49 (2): 835-849.

[230] 杨立, 胡运红. 融合 Markov 相关度与被动构建信任度的偏好获取方法 [J]. 小型微型计算机系统, 2014, 35 (11): 2538-2542.

[231] Cardozo R N. An experimental study of customer effort, expectation, and satisfaction [J]. Journal of Marketing Research, 1965, 2 (3): 244-249.

[232] 朱青. 移动电子商务推荐系统的顾客满意度研究 [D]. 黑龙江大学, 2017.

[233] 贺于, 张健. 关于建立用户满意度评价系统研究 [J]. 四川图书馆学报, 2006 (3): 39-42.

[234] Fornell C. A national customer satisfaction barometer: The Swedish experience [J]. Journal of Marketing, 1992, 56 (1): 6-21.

[235] Bloemer J, Dekker D. Effects of personal values on customer satisfaction [J]. International Journal of Bank Marketing, 2007, 25 (5): 276-291.

[236] Zaichkowsky J L. Measuring the involvement construct [J]. Journal of Consumer Research, 1985, 12 (3): 341-352.

[237] Griffith D A，Krampf R F，Palmer J W. The role of interface in electronic commerce：consumer involvement with print versus on-line catalogs [J]. International journal of electronic commerce，2001，5（4）：135-153.

[238] 练思婷. 涉入度和时间压力对多属性购买决策的影响研究 [D]. 广东工业大学，2018.

[239] Vaughn R. How advertising works：a planning model [J]. Journal of Advertising Research，1980，20（5）：27-33.

[240] Chaiken S. Heuristic versus systematic information processing and the use of source versus message cues in persuasion [J]. Journal of Personality & Social Psychology，1980，39（5）：752-766.

[241] Meyers-Levy J，Rui Z. Gender differences in the meanings consumers infer from music and other aesthetic stimuli [J]. Journal of Consumer Psychology，2010，20（4）：495-507.

[242] Moe W W. An empirical two-stage choice model with varying decision rules applied to internet clickstream data [J]. Journal of Marketing Research，2006，43（4）：680-692.

[243] Hauser J R. Consideration-set heuristics [J]. Journal of Business Research，2014，67（8）：1688-1699.

[244] Vishwanath A. Diffusion of deception in social media：social contagion effects and its antecedents [J]. Information Systems Frontiers，2015，17（6）：1353-1367.

[245] Petty R E，Cacioppo J T，Schumann D. Central and peripheral routes to advertising effectiveness：the moderating role of involvement [J]. Journal of Consumer Research，1983，10（2）：135-146.

[246] Park D H，Lee J，Han I. The effect of on-line consumer reviews on consumer purchasing intention：the moderating role of involvement [J]. International Journal of Electronic Commerce，2007，11（4）：125-148.

[247] Eisend M. Understanding two-sided persuasion：an empirical assessment of theoretical approaches [J]. Psychology & Marketing，2010，24（7）：

615-640.

[248] 金志成，周象贤. 受众卷入及其对广告传播效果的影响 [J]. 心理科学进展，2007，15 (1)：154-162.

[249] 罗晓婉. 卷入程度和时间压力对购买决策中信息加工的影响 [D]. 湖南师范大学，2014.

[250] 朱丽叶，袁登华，张静宜. 在线用户评论质量与评论者等级对消费者购买意愿的影响——产品卷入度的调节作用 [J]. 管理评论，2017，29 (2)：87-96.

[251] 刘百灵，徐伟，夏惠敏. 应用特征与个体特质双重视角下移动购物持续使用意愿研究 [J]. 管理科学，2018，31 (2)：59-70.

[252] Geuens M, Pelsmacker P D, Mast G. How family structure affects parent- child communication about consumption [J]. Young Consumers, 2003, 4 (2): 57-62.

[253] Wu C, Shaffer D R. Susceptibility to persuasive appeals as a function of source credibility and prior experience with the attitude object [J]. Journal of Personality & Social Psychology, 1987, 52 (4): 677-688.

[254] Cheung C M K, Thadani D R. The impact of electronic word-of-mouth communication: A literature analysis and integrative model [J]. Decision Support Systems, 2012, 54 (1): 461-470.

[255] 宋雪雁，王萍. 用户信息行为研究述评 [J]. 情报科学，2010 (4)：625-629.

[256] 付少雄，陈晓宇，邓胜利. 社会化问答社区用户信息行为的转化研究——从信息采纳到持续性信息搜寻的理论模型构建 [J]. 图书情报知识，2017 (4)：80-88.

[257] Sussman S W, Siegal W S. Informational Influence in Organizations: an Integrated Approach to Knowledge Adoption [J]. Information Systems Research, 2003, 14 (1): 47-65.

[258] Bhattacherjee A, Limayem M, Cheung C M K. User switching of information technology: A theoretical synthesis and empirical test [J]. Information & Management, 2012, 49 (7-8): 327-333.

[259] Petty R E, Cacioppo J T. The effects of involvement on responses to argument quantity and quality: central and peripheral routes to persuasion [J]. Journal of Personality & Social Psychology, 1984, 46 (1): 69-81.

[260] 赖胜强，唐雪梅. 搜寻者对用户生成信息的信任度研究 [J]. 情报杂志，2013 (2): 152-155.

[261] 王婧璇. 社交媒体中口碑信息和营销信息的采纳对比研究 [D]. 北京邮电大学，2016.

[262] Alon H, Liat E. The development of initial trust in an online company by new customers [J]. Information & Management, 2004, 41 (3): 377-397.

[263] Vijayasarathy L R. Predicting consumer intentions to use on-line shopping: the case for an augmented technology acceptance model [J]. Information & Management, 2004, 41 (6): 747-762.

[264] Pitta D A, Fowler D. Internet community forums: an untapped resource for consumer marketers [J]. Journal of Consumer Marketing, 2005, 22 (5): 265-274.

[265] Knijnenburg B P, Willemsen M C, Hirtbach S. Receiving Recommendations and Providing Feedback: The User-Experience of a Recommender System [C]. International Conference on Electronic Commerce & Web Technologies. 2010.

[266] Dabholkar P A, Sheng X. Consumer participation in using online recommendation agents: effects on satisfaction, trust, and purchase intentions [J]. Service Industries Journal, 2012, 32 (9): 1433-1449.

[267] Arslan M, Zaman R. Impact of brand image and service quality on consumer purchase intention: a study of retail store in pakistan [J]. Social Science Electronic Publishing, 2014, 4 (22): 98-105.

[268] Estebanmillat I, Martínezlópez F J, Cabal C C, et al. Psychological factors explaining consumer adoption of an e-vendor's recommender [J]. Industrial Management & Data Systems, 2015, 115 (2): 284-310.

[269] 马庆国，王凯，舒良超. 积极情绪对用户信息技术采纳意向影响的实验研

究——以电子商务推荐系统为例［J］. 科学学研究，2009，27（10）：1557-1563.
［270］李亚男，王詠，康丽婷. 影响个性化推荐系统的用户采纳的因素［J］. 人类工效学，2013，19（2）：78-81.
［271］段尧清，刘宇明，蔡诗茜，陈玲. 数字图书馆个性化推荐用户信息采纳行为影响研究——信息采纳意向的中介效应［J］. 现代情报，2019，39（02）：85-93.
［272］Ziegler C N，Mcnee S M，Konstan J A，et al. Improving recommendation lists through topic diversification［C］. International Conference on World Wide Web. 2005.
［273］Kluver D，Konstan J A. Evaluating recommender behavior for new users［C］. Acm Conference on Recommender Systems. 2014.
［274］高迪. 在线推荐系统消费者采纳意向的影响机理研究［D］. 北方工业大学，2017.
［275］杨盛. 移动电商推荐系统采纳意向影响因素研究［D］. 山西财经大学，2018.
［276］Ajzen I，Fishbein M. A Bayesian analysis of attribution processes［J］. Psychological Bulletin，1975，82（2）：261-277.
［277］Ajzen I. From intentions to actions：a theory of planned behavior［J］. Advances in Experimental Social Psychology，1985，20（8）：1-63.
［278］Dishaw B M T，Strong D M. Extending the technology acceptance model with task-technology fit constructs［J］. Information & Management，1999，36（1）：9-21.
［279］Legris P，Ingham J，Collerette P. Why do people use information technology? A critical review of the technology acceptance model［J］. Information & Management，2003，40（3）：191-204.
［280］Venkatesh V，Davis F D. A model of the antecedents of perceived ease of use：development and test［J］. Decision Sciences，2010，27（3）：451-481.
［281］Venkatesh V，Morris M G，Davis G B，et al. User acceptance of infor-

mation technology: toward a unified view [J]. Mis Quarterly, 2003, 27 (3): 425-478.

[282] Venkatesh V, Thong J Y L, Chan F K Y, et al. Extending the two-stage information systems continuance model: incorporating UTAUT predictors and the role of context [J]. Information Systems Journal, 2011, 21 (6): 527-555.

[283] Petter S, Delone W, Mclean E R. Information systems success: the quest for the independent variables [J]. Information Systems Research, 1992, 3 (1): 60-95.

[284] Seddon P B. A respecification and extension of the DeLone and McLean model of IS success [J]. Information Systems Research, 1997, 8 (3): 240-253.

[285] Delone W H, Mclean E R. The DeLone and McLean model of information systems success: a ten-year update [J]. Journal of Management Information Systems, 2003, 19 (4): 9-30.

[286] 谭婧. 政务微博公众满意度影响因素研究 [D]. 电子科技大学, 2018.

[287] 费欣意, 施云, 袁勤俭. D&M 信息系统成功模型的应用与展望 [J]. 现代情报, 2018, 38 (11): 161-171+177.

[288] 程慧平, 金玲. 国内 D&M 信息系统成功模型研究现状述评 [J]. 图书馆, 2018 (05): 93-100.

[289] 毛晓光. 20 世纪符号互动论的新视野探析 [J]. 国外社会科学, 2001 (3): 13-18.

[290] 黄丽佳, 袁勤俭. 印象管理理论及其在信息系统研究中的应用与展望 [J]. 现代情报, 2018, 38 (11): 159-168.

[291] 庄家炽. 参照群体理论评述 [J]. 社会发展研究, 2016 (3): 184-197.

[292] 程杜新. 不同涉入情境下的心理距离对消费者网购行为的影响研究 [D]. 武汉大学, 2017.

[293] Trope Y, Liberman N. Construal-level theory of psychological distance [J]. Psychological Review, 2010, 117 (2): 440-463.

[294] Trope Y, Liberman N, Wakslak C. Construal levels and psychological

distance: effects on representation, prediction, evaluation, and behavior [J]. Journal of Consumer Psychology, 2007, 17 (2): 83-95.

[295] Trope Y, Liberman N. Temporal construal [J]. Psychological Review, 2003, 110 (3): 403-421.

[296] 程杜新. 不同涉入情境下的心理距离对消费者网购行为的影响研究 [D]. 武汉大学, 2017.

[297] Septianto F, Pratiwi L. The moderating role of construal level on the evaluation of emotional appeal vs. cognitive appeal advertisements [J]. Marketing Letters, 2016, 27 (1): 171-181.

[298] Burgoon J K, Burgoon M. Unwillingness to communicate, anomia-alienation, and communication apprehension as predictors of small group communication [J]. J Psychol, 1974, 88 (1): 31-38.

[299] 喻昕. 在线商户商品信息呈现对消费者购买意愿影响的研究 [D]. 吉林大学, 2017.

[300] 薛楠. 下属建言为何不被领导采纳：建言内容、建言方式与管理自我效能感的联合效应 [D]. 兰州大学, 2018.

[301] 王立军, 吕明臣. 信息传递中"说服"类交际意图及其实现条件研究 [J]. 图书馆学研究, 2015 (07): 14-18.

[302] 马宇泽, 王琳, 张永强, 等. 拟人化沟通对新产品采纳的影响效应研究 [J]. 科学学与科学技术管理, 2017, 38 (8): 133-143.

[303] Cheung C M K, Lee M K O. A theoretical model of intentional social action in online social networks [J]. Decision Support Systems, 2010, 49 (1): 24-30.

[304] 潘霁. 从反映真实到象征架构：网络环境的信息可信度评估 [J]. 现代传播（中国传媒大学学报）, 2018, 40 (11): 86-90.

[305] Gefen D. Building effective online marketplaces with institution-based Trust [J]. Information Systems Research, 2004, 15 (1): 37-59.

[306] Burnkrant R E, Unnava H R. Effects of self-referencing on persuasion [J]. Journal of Consumer Research, 1995, 22 (1): 17-26.

[307] Hassenzahl M, Tractinsky N. User experience - a research agenda [J].

Behaviour & Information Technology, 2006, 25 (2): 91-97.

[308] Gharib R K, Philpott E, Duan Y. Factors affecting active participation in B2B online communities: An empirical investigation [J]. Information & Management, 2016, 30 (8): 1073-1075.

[309] Edwards S M, Li H, Lee J H. Forced exposure and psychological reactance: Antecedents and consequences of the perceived intrusiveness of pop-up ads [J]. Journal of Advertising, 2002, 31 (3): 83-95.

[310] Dawes P L, Lee D Y, Dowling G R. Information control and influence in emergent buying centers [J]. Journal of Marketing, 1998, 62 (3): 55-68.

[311] Ives B, Olson M H, Baroudi J J. The Measurement of User Information Satisfaction [J]. Communications of the ACM, 1983, 26 (10): 785-793.

[312] 王全胜，郑称德，周耿. B2C 网站设计因素与初始信任关系的实证研究 [J]. 管理学报，2009, 6 (04): 495-501.

[313] Laurent G, Kapferer J N. Measuring consumer involvement profiles [J]. Journal of Marketing Research, 1985, 22 (1): 41-53.

[314] Zaichkowsky J L. The personal involvement inventory: reduction, revision, and application to advertising [J]. Journal of Advertising, 1994, 23 (4): 59-70.

[315] Shen X L, Cheung C M K, Lee M K O. What leads students to adopt information from Wikipedia? An empirical investigation into the role of trust and information usefulness [J]. British Journal of Educational Technology, 2013, 44 (3): 502-517.

[316] Pavlou P A, Fygenson M. Understanding and predicting electronic commerce adoption: an extension of the theory of planned behavior [J]. Mis Quarterly, 2006, 30 (1): 115-143.

[317] Ongena Y P, Dijkstra W. A model of cognitive processes and conversational principles in survey interview interaction [J]. Applied Cognitive Psychology, 2010, 21 (2): 145-163.

[318] 吴明隆. 问卷统计分析实务——SPSS 操作与应用 [M]. 重庆大学出版社，2010.

[319] Kaiser H F. A Computational Starting Point for Rao's Canonical Factor Analysis：implications for computerized procedures [J]. Educational & Psychological Measurement，1974，34 (3)：691-692.

[320] Fornell C，Larcker D F. Structural equation models with unobservable variables and measurement error：Algebra and statistics [J]. Journal of Marketing Research，1981，18 (1)：39-50.

[321] 吴明隆. 结构方程模型——AMOS 的操作与应用 [M]. 重庆大学出版社，2009.

[322] Martinez-Romo J，Araujo L. Updating broken web links：an automatic recommendation system [J]. Information Processing & Management，2012，48 (2)：183-203.

[323] Konstan J A，Miller B N，Maltz D，et al. GroupLens：applying collaborative filtering to Usenet news [J]. Communications of the Association for Computing Machinery，1997，40 (3)：77-87.

[324] Gefen D，Karahanna E，Straub D W. Trust and TAM in online shopping：an integrated model [J]. Mis Quarterly，2003，27 (1)：51-90.

[325] 喻昕，许正良，郭雯君. 在线商户商品信息呈现对消费者行为意愿影响的研究——基于社会临场感理论的模型构建 [J]. 情报理论与实践，2017，40 (10)：80-84.

[326] Westbrook R A，Oliver R L. The dimensionality of consumption emotion patterns and consumer satisfaction [J]. Journal of Consumer Research，1991，18 (1)：84-91.

[327] 尚林. B2B 客户推荐意愿影响因素研究——基于关系营销理念和社会交换理论 [J]. 理论与改革，2015 (4)：102-106.

[328] 马铁男，常小艳. 旅游目的地品牌形象影响因素实证研究 [J]. 昆明理工大学学报（自然科学版），2019，44 (01)：138-144.

[329] 韩心瑜，张向达. 在线品牌与消费者在线体验互动关系研究——基于在线品牌体验综合评价模型的分析 [J]. 价格理论与实践，2018 (07)：

123-126.

[330] Zhao X, Lynch J G, Chen Q. Reconsidering Baron and Kenny: myths and truths about mediation analysis [J]. Journal of Consumer Research, 2010, 37 (2): 197-206.

[331] Preacher K J, Rucker D D. Hayes A F. Addressing moderated mediation hypotheses: theory, methods, and prescriptions [J]. Multivariate Behavioral Research, 2007, 42 (1): 185-227.

[332] Hayes A F. Introduction to mediation, moderation, and conditional process analysis: a regression-based approach [J]. Journal of Educational Measurement, 2013, 51 (3): 335-337.

[333] 陈瑞，郑毓煌，刘文静. 中介效应分析：原理、程序、Bootstrap 方法及其应用 [J]. 营销科学学报，2013 (4)：120-135.

[334] Zhu L, Benbasat I, Jiang Z. Let's shop online together: an empirical investigation of collaborative online shopping support [J]. Information Systems Research, 2010, 21 (4): 872-891.

[335] Meyerslevy J, Peracchio L A. Moderators of the impact of self-reference on persuasion journal of consumer research Oxford academic [J]. Journal of Consumer Research, 1996, 22 (4): 408-423.

[336] Compeau D, Higgins C A, Huff S. Social cognitive theory and individual reactions to computing technology: a longitudinal study [J]. Mis Quarterly, 1999, 23 (2): 145-158.

[337] Benlian A. Titah R. Hess T. Differential effects of provider recommendations and consumer reviews in e-commerce transactions: an experimental study [J]. Journal of Management Information Systems, 2012, 29 (1): 237-272.

[338] Kim H W, Kankanhalli A, Lee H L. Investigating decision factors in mobile application purchase [J]. Information & Management, 2016, 53 (6): 727-739.

[339] Sujan M, Bettman J R, Baumgartner H. Influencing consumer judgments using autobiographical memories: A self-referencing perspective [J].

Journal of Marketing Research, 1993, 30 (4): 422-436.
[340] Gefen D, Straub D W. Consumer trust in B2C e-Commerce and the importance of social presence: experiments in e-Products and e-Services [J]. Omega, 2004, 32 (6): 407-424.
[341] Cyr D, Hassanein K, Head M, et al. The role of social presence in establishing loyalty in e-Service environments [J]. Interacting with Computers, 2007, 19 (1): 43-56.
[342] Li G, Yang X, Huang S. Effects of social capital and community support on online community members′ intention to create user-generated content [J]. Journal of Electronic Commerce Research, 2014, 15 (3): 190-199.
[343] Liang H, Saraf N, Xue H Y. Assimilation of enterprise systems: the effect of institutional pressures and the mediating role of top management [J]. MIS Quarterly, 2007, 31 (1): 59-87.
[344] Saerens M. Evaluating performance of recommender systems: an experimental comparison [C] // IEEE/WIC/ACM International Conference on Web Intelligence and Intelligent Agent Technology. IEEE Computer Society, 2008: 735-738.
[345] Choi J, Hong J L, Yong C K. The influence of social presence on evaluating personalized recommender systems [C] // Pacific Asia Conference on Information Systems, Pacis 2009, Hyderabad, India, July. DBLP, 2009: 49.
[346] Adelaar T, Chang S, Lancendorfer K M, et al. Effects of media formats on emotions and impulse buying intent [J]. Journal of Information Technology, 2003, 18 (4): 247-266.
[347] Hong S J, Tam K Y. Understanding the adoption of multipurpose information appliances: the case of mobile data services [J]. Information Systems Research, 2006, 17 (2): 162-179.
[348] Lee H J, Park S J. MONERS: a news recommender for the mobile web [J]. Expert Systems with Applications, 2007, 32 (1): 143-150.
[349] Choeh J Y, Hong J L. Mobile push personalization and user experience

[J]. AI Communications, 2008, 21: 185-193.

[350] Nielsen, "Facebook dominates android app usage across age groups" Fierce Mobile IT, http://www.fiercemobileit.com/story/nielsen-facebook-dominates-android-app-usage-across-age-groups/2011-12-13.

[351] http://flurrymobile.tumblr.com/post/113370692935/mobile-freemium-games-gen-y-plays-but-gen-x-pays.

[352] Wong K K. Partial least square structural equation modeling (PLS-SEM) techniques using Smart PLS [J]. Marketing Bulletin, 2013, 24 (1): 1-32.

[353] Podsakoff P M, Mackenzie S B, Lee J Y, et al. Common method biases in behavioral research: a critical review of the literature and recommended remedies [J]. J Appl Psychol, 2003, 88 (5): 879-903.

[354] Sharma R, Yetton P, Crawford J. Estimating the effect of common method variance: the method—method pair technique with an illustration from TAM research [J]. Mis Quarterly, 2009, 33 (3): 473-490.

[355] Malhotra N K, Kim S S, Patil A. Common method variance in is research: a comparison of alternative approaches and a reanalysis of past research [J]. Management Science, 2006, 52 (12): 1865-1883.

[356] Liang H, Saraf N, Xue H Y. Assimilation of enterprise systems: the effect of institutional pressures and the mediating role of top management [J]. MIS Quarterly, 2007, 31 (1): 59-87.

[357] Baber A, Thurasamy R, Malik M I, et al. Online word-of-mouth antecedents, attitude and intention to-purchase electronic products in Pakistan [J]. Telematics & Informatics, 2016, 33 (2): 388-400.

[358] 左文明，王旭，樊偿. 社会化电子商务环境下基于社会资本的网络口碑与购买意愿关系 [J]. 南开管理评论，2014，17 (4)：140-150.

[359] Sikora R T, Chauhan K. Estimating sequential bias in online reviews: a Kalman filtering approach [J]. Knowledge-Based Systems, 2012, 27 (3): 314-321.

[360] 查金祥，王立生. 网络购物顾客满意度影响因素的实证研究 [J]. 管理科

学，2006（1）：50-58.

［361］冯娇，姚忠. 基于强弱关系理论的社会化商务购买意愿影响因素研究［J］. 管理评论，2015，27（12）：99-109.

［362］卢长宝，王传声. 过多促销品会导致过多选择效应吗？——时间压力的调节作用［J］. 经济管理，2018，40（3）：109-127.

［363］杜娟，游静. “信息茧房”效应下消费者对个性化推送的采纳意愿研究：心理抗拒视角［J］. 企业经济，2019（01）：103-110.

［364］Zhao M，Xie J. Effects of Social and Temporal Distance on Consumers' Responses to Peer Recommendations［J］. Journal of Marketing Research，2011，48（3）：486-496.

［365］崔起，银成钺，鹿洪蕾. 消费者对不同社会距离下他人评价的反应［J］. 管理学报，2014，11（9）：1396-14.

［366］李治，孙锐. 推荐解释对改变用户行为意向的研究——基于传播说服理论的视阈. 中国软科学，2019（6）：176-184.

图书在版编目（CIP）数据

推荐解释特性与电商用户决策 ：基于数字化视角的分析 / 李治，朱永波著. -- 湘潭 ：湘潭大学出版社，2022.11
ISBN 978-7-5687-0921-7

Ⅰ. ①推… Ⅱ. ①李… ②朱… Ⅲ. ①电子商务—研究 Ⅳ. ①F713.36

中国版本图书馆 CIP 数据核字（2022）第 208867 号

推荐解释特性与电商用户决策 ：基于数字化视角的分析

TUIJIAN JIESHI TEXING YU DIANSHANG YONGHU JUECE :
JIYU SHUZIHUA SHIJIAO DE FENXI

李治 朱永波 著

责任编辑：夏 露 王亚兰
封面设计：夏茜旸
出版发行：湘潭大学出版社
社 址：湖南省湘潭大学工程训练大楼
电 话：0731-58298960 0731-58298966（传真）
邮 编：411105
网 址：http://press.xtu.edu.cn/
印 刷：长沙创峰印务有限公司
经 销：湖南省新华书店
开 本：710 mm×1000 mm 1/16
印 张：12.5
字 数：224 千字
版 次：2022 年 11 月第 1 版
印 次：2022 年 11 月第 1 次印刷
书 号：ISBN 978-7-5687-0921-7
定 价：58.00 元